Einführung in die Devanāgarī-Schrift
anhand des Hindi

Einführungen in fremde Schriften

Arabisch
Arabisch-persisch
Armenisch
Bengālī
Chinesisch
Devanāgarī
Donauschrift
Georgisch
Griechisch
Gujarātī
Gurmukhī
Hebräisch
Hieroglyphen
Mongolisch
Oṛiā
Thailändisch

BUSKE

Götz Hindelang

Einführung in die Devanāgarī-Schrift

anhand des Hindi

BUSKE

Götz Hindelang ist Sprachwissenschaftler und unterrichtete über 30 Jahre Germanistische Linguistik an der Universität Münster. Mit Hindi beschäftigt er sich seit 1979. Er lernte Hindi am Indologischen Institut der Universität Münster sowie in Indien, u. a. an der Landour Hindi Language School in Mussoorie, Uttarakhand.

Bibliografische Information der Deutschen Nationalbibliothek

Die Deutsche Nationalbibliothek verzeichnet diese Publikation in der Deutschen Nationalbibliografie; detaillierte bibliografische Daten sind im Internet über <http://portal.dnb.de> abrufbar.

ISBN 978-3-96769-017-0

 Umschlaggestaltung: QART Büro für Gestaltung, Hamburg. Satz: Kontrapunkt Satzstudio Bautzen. Druck und Bindung: Printing Solutions, Toruń. Printed in Poland.

Teil 1 Hindi lesen

Teil 2 Hindi schreiben

Teil 1
Hindi lesen

1 Allgemeines

Dieser Band führt anhand des Hindi in die Devanāgarī-Schrift ein. Deshalb wird auch eine phonetische Beschreibung der Laute angestrebt, für die die einzelnen Schriftzeichen im Hindi stehen.

Die Devanāgarī-Schrift ist im nördlichen Teil des indischen Subkontinents weit verbreitet. Neben Hindi werden Marathi, Nepali und Sanskrit in dieser Schrift geschrieben. Darüber hinaus gibt es eine Reihe von Lokalsprachen, für die diese Schrift offiziell verwendet wird, zum Beispiel: Bodo, Dogri, Konkani, Maithili, Santhali und Sindhi.[1]

Systematisch kann man Devanāgarī als eine alphasyllabische Schrift bezeichnen. Die Schrift ist zwar alphabetisch, die Repräsentation der Silbe spielt aber eine zentrale Rolle bei der Verschriftlichung der Sprache.

Hindi ist eine indogermanische, genauer gesagt eine indoarische Sprache, die hauptsächlich in Nordindien gesprochen wird. Das „Modern Standard Hindi" ist neben Englisch die offizielle Sprache der Indischen Union und Amtssprache in den folgenden indischen Staaten: Bihar, Chhattisgarh, Delhi, Haryana, Himachal Pradesh, Jharkhand, Madhya Pradesh, Rajasthan, Uttarakhand, und Uttar Pradesh.[2]

2 Lernziele

Lernende können sich durch die Arbeit mit diesem Buch folgende Fähigkeiten erarbeiten:

- Die Buchstaben des Devanāgarī-Alphabets erkennen können.
- Wörter im Hindi lesen können.
- Eine ungefähre Vorstellung von der Aussprache der einzelnen Schriftzeichen gewinnen.

1 Genannt wurden die Sprachen, die bei der Eingangsprüfung für den indischen Staatsdienst zugelassen sind und die in dieser Prüfung in Devanāgarī geschrieben werden bzw. für Santhali und Sindhi geschrieben werden können. Siehe: „Civil Services Examination (India)" Wikipedia (English). Eine solche formale Eingrenzung mag genügen, da eine Diskussion, welche indischen Lokalsprachen als selbstständige Sprachen anzusehen sind, und welche lediglich als Dialekte des Hindi gelten können, hier nicht ausgebreitet werden kann. Siehe dazu Mascia (1996: 23–27).

2 Koul (2008: 1); zum Status des Hindi in der Indischen Union siehe z. B. Koul (2008: 4–7).

- Die einzelnen durch die Schriftzeichen repräsentierten Laute phonetisch beschreiben können.
- Die einzelnen Buchstaben und ganze Wörter schreiben können.
- Die unterschiedlichen Arten der Transliteration für die Schrift lesen und unterscheiden können.

Das Buch setzt keine Vorkenntnisse voraus. Es eignet sich als Einstieg in das Erlernen des Hindi. Am besten passt es in einen akademischen Kontext, in dem ein gewisses sprachwissenschaftliches Interesse vorausgesetzt werden darf.

Das Buch ist nicht nur auf Deutsch verfasst, es berücksichtigt, z. B. bei der Formulierung von Aussprachehinweisen, auch die Voraussetzungen von Lernenden, die Deutsch als Muttersprache haben.

3 Besonderheiten der Darstellung

Die Darstellung verzichtet auf die Behandlung von sprachgeschichtlichen Zusammenhängen. Nur wenn es unumgänglich ist, werden Bezüge zum Sanskrit hergestellt. Weiterhin wird man hier auch keine geschichtliche Darstellung der Entwicklung der Devanāgarī-Schrift finden. Wer an solchen Zusammenhängen interessiert ist, sei z. B. auf Masica (1991: 133–151), Friedrich (1999) oder Sen (1996) verwiesen.

Die Abfolge der Behandlung der einzelnen Buchstaben folgt didaktischen Überlegungen. Es wird darauf verzichtet, die traditionelle Abfolge der Buchstaben nach den verschiedenen Konsonantengruppen („Vargas") der Sanskrit-Grammatik zum Leitfaden zu nehmen. Diese Gruppen sind lautlich gut motiviert. Es könnte also als Verlust empfunden werden, Laute, die von der Artikulationsstelle her verwandt sind, nicht zusammen zu behandeln. Auf der anderen Seite bringt es eine solche Abfolge der Behandlung mit sich, dass selten gebrauchte und schwer zu erklärende Buchstaben schon früh im Buch vorgestellt werden müssten.

Die hier gewählte Darstellung schlägt einen anderen Weg ein. Es stehen nicht systematisch-linguistische Ordnungsprinzipien im Vordergrund, sondern didaktische Erwägungen bestimmen die Abfolge der Behandlung der einzelnen Buchstaben. Dabei sollen zuerst die einfachen und häufig vorkommenden Zeichen behandelt werden. Als einfach gelten Laute, wenn Sprecherinnen und Sprecher des Deutschen sie ohne große Schwierigkeiten artikulieren können. Zeichen für Laute, die schwieriger auszusprechen sind oder selten vorkommen, werden erst später im Buch behandelt, wenn die Lernenden mit den allgemeinen Prinzipien der Devanāgarī-Schrift schon etwas vertraut sind.

Das Kriterium der Häufigkeit[3] wurde zunächst intuitiv angewendet. Eine genauere Untersuchung hat jedoch ergeben, dass die Schätzungen so falsch nicht waren. Zudem sollten in den ersten Kapiteln auch solche Buchstaben ausgewählt werden, mit denen sich leicht einfache Beispielwörter bilden lassen.

Manche Aspekte der Devanāgarī-Schrift sind so kompliziert, dass man sie als Anfänger nicht unbedingt sofort lernen muss. Das Buch stellt solche Themen am Ende des Buches dar. Weiterhin sind manche Fragen, die hier behandelt werden, für einen Leser, der nur die Schrift erlernen will, vielleicht zu theoretisch. Um solchen Lesern die Benutzung des Buches zu erleichtern, sind Abschnitte, die die Problematik etwas vertieft darstellen oder auf unterschiedliche Forschungspositionen eingehen, besonders gekennzeichnet.

Der „Doktorhut" steht vor Passagen, die für das unmittelbare Erlernen der Schriftzeichen ohne Weiteres überschlagen werden können.

Im ersten Teil der Einführung werden die Buchstaben der Devanāgarī-Schrift hinsichtlich ihrer Aussprache im Hindi und der verschiedenen Transliterationssysteme behandelt. Im zweiten Teil geht es vorrangig um die graphische Realisierung dieser Zeichen. Es wird dort die Abfolge der Strich- und Linienführungen erklärt, wie sie normalerweise bei der handschriftlichen Produktion der Zeichen üblich sind. Daneben werden auch verschiedene typographische Varianten und handschriftliche Beispiele für die einzelnen Buchstaben Devanāgarī-Schrift gegeben. Die Untergliederung dieses zweiten Teils entspricht dabei der Themenabfolge der Kapitel des ersten Teils. Abschließend werden Übungen angeboten, die zum Erwerb einer sicheren Schreib- und Lesekompetenz gemacht werden sollten.

4 Transliteration und phonetische Transkription

Ein Anliegen des Buches ist es, für jedes Schriftzeichen die phonetische Beschreibung des entsprechenden Lautes im Hindi zu geben. Dabei wurde Wert darauf gelegt, dass diese Beschreibung dem aktuellen Stand der modernen Phonetik bzw. Phonologie entspricht. In machen Darstellungen des Hindi wird für die Beschreibung der Laute eine Begrifflichkeit gewählt, die sich über lange Zeit für die Beschreibung des Sanskrit

3 Die folgenden Konsonanten sind nach der Häufigkeit des Auftretens in Bahri, (1989) geordnet: क, र, न, स, ह, त, म, ल, प, य, द, ब, व, ग, च, ज, ट, ख, श, भ, ध, थ, छ, ड, ठ, घ, फ, झ, ड़, ढ, ज़, ञ, ख़, क़, ग़, ढ़.

bewährt hat. Für eine Beschreibung des Hindi ist jedoch eine Terminologie vorzuziehen, die sich an internationalen linguistischen Gepflogenheiten orientiert.

Eine phonetische Beschreibung kann ein gründliches Training der Aussprache nicht ersetzen. Wer Hindi korrekt aussprechen will, wird natürlich weitere Unterweisungen, am besten durch muttersprachliche Sprecher, suchen müssen. Auch die ein oder andere technische Unterstützung, wie Audio-Aufnahmen mögen hilfreich sein.

Neben der phonetischen Beschreibung werden bei den einzelnen Zeichen auch die Transliterationen vorgestellt, die für das Zeichen in unterschiedlichen Systemen gewählt wurden. Wenn Lernende verschiedene Bücher benutzen, könnten sie durch die unterschiedlichen Transliterationsverfahren leicht in Verirrung geraten. Daher wird eine Übersicht über die unterschiedlichen Transliterationen bei der Behandlung eines jeden Zeichens der Devanāgarī-Schrift angeben. Im Buch selbst wird eine Transliteration gewählt, die an die Lautumschrift des Internationalen Phonetischen Alphabets (IPA) angelehnt ist. In einigen Punkten wird jedoch der leichteren Lesbarkeit wegen eine andere Schreibweise gewählt, die gängigen Transkriptionsweisen folgt.

Zunächst soll hier der Unterschied zwischen Transliterationssystemen und phonetischen Transkriptionssystemen erläutert werden.

Bei der Transliteration wird versucht, ein Schriftsystem (hier das Devanāgarī-Alphabet) mit Hilfe eines anderen Schriftsystems (hier das uns bekannte lateinische Alphabet) darzustellen. Es werden also Buchstaben – Buchstaben Entsprechungen angegeben. Buchstaben eines Schriftsystems A werden durch Buchstaben eines Schriftsystems B repräsentiert. Dabei können Buchstaben des Systems A z. B. auch durch Buchstabenkombinationen des Systems B dargestellt werden oder es können auch sog. diakritische Zeichen, d. h. graphische Zusatzmarkierungen, verwendet werden. Zwei Beispiele sollen hier genügen.

Buchstabenkombination: Der behauchte k-Laut ख wird in der Transliteration durch „kh" repräsentiert.

Verwendung von diakritischen Zeichen: Der lang gesprochene a-Laut आ wird in vielen Transliterationsystemen als „ā" repräsentiert. Der Strich über dem „a" ist ein diakritisches Zeichen, das Länge symbolisiert.

Bei der Transliteration der Devanāgarī-Schrift konkurrieren eine Reihe von Systemen, z. B. das alte Hunterian System, das „International Alphabet of Sanskrit Transliteration" (IAST), das allerdings nur die im Sanskrit üblichen Zeichen erfasst und der ISO-Standard 15919, der auch die zusätzlichen im

Hindi gebräuchlichen Schriftkonventionen abbildet. Darüber hinaus gibt es eine Reihe von anderen Vorschlägen.[4]

Von solchen Transliterationssystemen, die sich sozusagen nur auf der Ebene der geschriebenen Sprache bewegen, sind Transkriptionssysteme zu unterscheiden. Sie wollen für Laute einer Sprache symbolische graphische Repräsentationen angeben. Die Beziehung sieht also wie folgt aus: Ein Laut L einer Sprache A wird durch ein bestimmtes graphisches Symbol £ repräsentiert. In unserem Fall wäre also für alle Laute des Hindi ein solches Zeichen bereitzustellen. Was dabei als Laut des Hindi gilt und was möglicherweise nur als Variante eines Lautes zu betrachten ist, muss durch eine phonemische Analyse ermittelt werden.[5] In einem zweiten Schritt kann dann festgelegt werden, wie die Laute durch geeignete Symbole dargestellt werden können. Als Symbole eignen sich sowohl Buchstaben aus dem lateinischen Alphabet (z.B. /m/ oder /f/) als auch speziell entwickelte Symbole (z.B. /ʃ/ für den Laut, der im Deutschen ⟨sch⟩ geschrieben wird.[6]

Im vorliegenden Buch wird zur Transkription der Laute des Hindi das Internationale Phonetische Alphabet (IPA) verwendet.[7] Die phonetischen Symbole des Internationalen Phonetischen Alphabets erhalten ihre lautliche Interpretation durch Angaben über die Art der Artikulation des Lautes.

Ein wichtiges Thema des vorliegenden Buches ist es zu beschreiben, welche Laute im Hindi den einzelnen Buchstaben des Devanāgarī-Alphabets entsprechen. Im Hindi sind diese Entsprechungen ziemlich einfach und übersichtlich geregelt, d.h. die Beziehung zwischen Schriftzeichen und Laut ist enger als im Deutschen oder gar im Englischen.

Es gibt jedoch auch Beispiele, wo die enge Korrespondenz zwischen Laut und Schrift aufgebrochen ist. Es sollen hier nur zwei Beispiele genannt werden:

Der Laut [ʃ] im Hindi kann sowohl durch श als auch durch ष repräsentiert sein.

4 Einen Überblick gibt der Artikel „Devanagari Transliteration" in der englischsprachigen Wikipedia.
5 Siehe unten in 5.
6 Symbole für Laute werden in Schrägstrichen /£/ oder eckigen Klammern [£] geschrieben. Die Buchstaben werden in spitze Klammern gesetzt ⟨l⟩ oder auch <l>. Die Unterschiede der Verwendung von / / und [ ] werden weiter unten erläutert.
7 Siehe „Internationales Phonetisches Alphabet" Wikipedia Deutsch. Speziell fürs Hindi sei auf Ohala (1999) verwiesen.

Der Laut [ɾ] wird normalerweise र geschrieben. In Kombination mit anderen Konsonanten wird [ɾ] aber durch andere graphische Mittel dargestellt:

र् + क → र्क und क् + र → क्र

Bei einer Beschreibung von Lauten stellt sich immer die Frage, wie genau man die Laute erfassen will, da sich einzelne Lautäußerungen je nach ihrer Umgebung, der Sprechgeschwindigkeit, dem Geschlecht des Sprechers und anderen Faktoren voneinander unterscheiden. Die Genauigkeit hängt von den Zielen ab, die durch die Beschreibung verfolgt werden. Allgemein unterscheidet man zwischen einer phonetischen und einer phonologischen Beschreibung. Eine phonologische Beschreibung des Lautbestandes einer Sprache erfasst nur solche Unterschiede, die in dieser Sprache eingesetzt werden, um Wörter zu unterscheiden. Lautunterschiede, die in dieser Sprache nicht zur Unterscheidung von Wörtern verwendet werden, werden vernachlässigt. Man kann das Prinzip ganz gut am Deutschen und Hindi verdeutlichen. Sowohl im Deutschen als auch in Hindi gibt es behauchte t-Laute. Im Deutschen ist z. B. das ⟨t⟩ vor langem Vokal behaucht wie bei ⟨Tee⟩ [t^he:]. (Das hochgestellte ◌^{h} symbolisiert diese Behauchung). Es gibt aber kein Wort [te:] mit unbehauchtem t-Laut, das im Gegensatz zu [t^he:] stehen würde. Im Hindi ist das aber der Fall. Da wird der Unterschied behauchter t-Laut vs. nicht behauchter t-Laut systematisch zur Unterscheidung von Wörtern verwendet: /sa:t/ = *sieben* (7) und /sa: t^h/ = *zusammen*. Man kann also sagen, dass [t] und [t^h] im Deutschen Varianten eines Lautes /t/ sind. Im Hindi dagegen sind /t/ und /t^h/ zwei unterschiedliche Laute, oder, wie man technisch sagt, zwei Phoneme. Um diese Unterscheidung bei der Transkription deutlich zu machen, schreibt man die phonetische Umschrift in eckigen Klammern [ ], die phonemische Umschrift, die nur die wortunterscheidende Funktion der Laute berücksichtigt, aber zwischen Schrägstriche / /.

In diesem Zusammenhang soll eine weitere Konvention eingeführt werden: Ist von einem Buchstaben die Rede, wird das entsprechende Zeichen in spitze Klammern gesetzt z. B. ⟨e⟩. Der in der Linguistik verwendete technische Ausdruck für „Buchstabe" ist „Graphem". Die Graphemik ist dann die Lehre von den Schriftzeichen.

Die Schreibkonventionen lassen sich wie folgt zusammenfassen:

[t^h] phonetische Schreibweise
/t/ phonologische (phonemische) Schreibweise, die die Laute nur soweit differenziert, wie diese Wörter unterscheiden.
⟨t⟩ der Buchstabe t.

In dieser Einführung wird, etwas abweichend von diesen Regeln, die hier gewählte Transliteration von Beispielen auch in Schrägstrichen „/ /" präsentiert. Das ist möglich, da die Buchstaben der Devanāgarī-Schrift den phonologischen Gegebenheiten des Hindi weitgehend entsprechen.

5 Template für die Beschreibung der Buchstaben

Die Grundinformationen für einen Buchstaben des Devanāgarī-Alphabets werden zu Beginn jedes Abschnittes in Tabellenform angegeben. Die Tabelle soll hier anhand des Buchstabens क erläutert werden.

1	Devanāgarī-Symbol	क
2	Phonetische Transkription IPA	[k]
3	Transliteration	k
4	Phonetische Beschreibung des Lautes	Konsonant velarer, stimmloser Verschlusslaut (Plosiv, Stop) unbehaucht
5	Aussprachehinweis	wird gesprochen wie ⟨k⟩ in dt. ⟨spuken⟩ [ʃpu:kən]. Der Laut ist jedoch weniger behaucht als im Deutschen.

In der ersten Zeile steht der Buchstabe der Devanāgarī-Schrift.

In der zweiten Zeile wird die phonetische Umschrift nach dem Internationalen Phonetischen Alphabet (IPA) verwendet. In Zweifelsfällen orientiere ich mich bei der Transkription an Ohala (1999).

In der dritten Zeile wird die Umschrift angegeben, wie sie hier zur lautlichen Repräsentation der Beispiele verwendet wird. Sie orientiert sich an IPA. In einigen Fällen wird jedoch von IPA abgewichen, um die Darstellung leichter lesbar zu machen. Andere Transkriptionsweisen werden jeweils in den Fußnoten aufgeführt.[8]

Die vierte Zeile gibt eine Beschreibung des Lautes durch Angabe artikulatorischer Merkmale. Dabei werden neben den gängigen deutschen Begriffen (Verschlusslaut) auch international gebräuchliche Ausdrücke (Plosiv, Stop) verwendet. Auf Feinheiten oder eventuell konkurrierende Beschreibungsweisen wird nur eingegangen, wenn es unumgänglich

8 Diese Informationen sollen dem Leser helfen, sich bei der Umstellung auf ein anderes Buch schneller umorientieren zu können. Für jeden Laut werden in der Regel folgende Umschriftvarianten vorgestellt: Hunterian System, ISO-Standard 15919, Bari (1989), Snell (2003) und als Transkription das IPA Symbol. In einigen Fällen werden auch noch weitere Vorschläge wie z. B. ITRANS einbezogen.

scheint. Dies erfolgt dann im Fließtext unterhalb der Tabelle. Am Ende des Buches findet sich ein Glossar mit der Erklärung der im Text verwendeten phonetischen Begriffe.

Die fünfte Zeile bietet knappe Ausssprachehinweise durch den Vergleich mit dem Deutschen oder anderen Sprachen. Bei komplizierten Lauten wird diese Beschreibung im Text fortgeführt und eventuell durch graphische Darstellungen veranschaulicht.

Was wir lernen:

- unabhängige und abhängige Schreibweisen von Vokalen unterscheiden
- 4 Vokale in der unabhängigen und der abhängigen Form erkennen: आ, ा, अ, इ, ि, ई, ी
- 7 Konsonanten erkennen: क, त, प, ब, म, न, र
- Wörter lesen
- Lautlehre: lange von kurzen Vokalen in Schrift und Aussprache unterscheiden

Vokale am Wortanfang werden anders geschrieben als solche, die nach einem Konsonanten im Inneren eines Wortes vorkommen. Vokale, die mit einem Konsonanten stehen, nennt man „abhängig". Vokale, die am Wortanfang geschrieben werden oder aus anderen Gründen ohne vorhergehenden Konsonanten vorkommen, heißen „unabhängig".

1.1 Vokale

1.1.1 आ ा, [ɑː]

Devanāgarī-Symbol unabhängige Position	आ
Devanāgarī-Symbol abhängige Position	ा
Phonetische Transkription	[ɑː]
Transliteration[9]	aː
Phonetische Beschreibung des Lautes	Vokal Position: zentral Höhe der Zunge: tief = offener Vokal[10] Rundung der Lippen: ungerundet Dauer: lang
Aussprachehinweis	wird gesprochen wie das ⟨a⟩ in dt. ⟨Pate⟩ [pʰɑːtə] oder das zweite ⟨a⟩ in dem Eigennamen ⟨Obama⟩ /əʊbɑːmə/.

9 Hunterian System: ā; ISO: ā; Bahri: ā; Snell: ā. Phonetisch (IPA): [ɑː]. In Indien wird der Laut im Alltag meist als ⟨aa⟩ transkribiert.

10 Bei der Beschreibung der Öffnung der Vokale folgen wird hier dem IPA Vokaltrapez mit seinen sieben Öffnungsgraden: geschlossen, fast geschlossen, halbgeschlossen, mittel, halboffen, fast offen und offen. Vgl. Cleghorn/Rugg (2011: letzte Seite). Für das Hindi vgl. insbesondere das Vokaltrapez in Ohala (1999: 102).

 Phonetischer Hinweis:

Häufig wird [a:] als Transkription für diesen Laut angegeben. Das kann irreführend sein, denn [a] steht in der Transkription der IPA für den ungerundeten, offenen Vorderzungenvokal. Der a-Laut im Hindi wird aber zentral oder noch etwas weiter hinten als zentral gebildet. Die bessere Transkription ist also nach Ohala (1999: 102) /ɑː/. Auch die häufig in deutschen Beschreibungen gegebene Aussprachehilfe „wie langes a im Deutschen" weist auf einen Zentralvokal hin, denn das lang gesprochene ⟨a⟩ in dt. ⟨Pate⟩ ist kein Vorderzungenvokal, sondern ein Zentralvokal. (Vgl. Altmann / Ziegenhain [2007: 42]).

1.1.1.1 आ steht in unabhängiger Position für [ɑː]

Beispiele:

आ /a:/	आम	/a:m/	Mango
	आदमी	/a:dmi:/	Mensch
	आप	/a:p/	Sie. (Wo sind Sie?)

1.1.1.2 ◌ा steht in abhängiger Position für [ɑː]

Beispiele:

◌ा	zusammen mit /n/ न	ना	नाम	/na:m/	Namen
	zusammen mit /k/ क	का	काम	/ka:m/	Arbeit
	zusammen mit /p/ प	पा	पानी	/pa:ni:/	Wasser

1.1.2 अ [ə]

Devanāgarī-Symbol unabhängige Position	अ
Devanāgarī-Symbol abhängige Position	Nicht graphemisch realisiert
Phonetische Transkription	[ə]
Transliteration[11]	a

11 Hunterian System: a; ISO: a; Bhari: a; Snell: a. Phonetisch (IPA): [ə] oder [ɐ]. ISO schreibt immer das inhärente a, auch wenn der Laut nicht gesprochen wird. Das kann verwirrend sein.

Phonetische Beschreibung des Lautes	[ə] ist der sogenannte „Schwa"-Laut. [ə] ist der Vokal, bei dem die Zunge in einer neutralen Position im Mundraum liegt und sich so in der entspanntesten Position befindet. Position: zentral Höhe der Zunge: mittel Rundung der Lippen: ungerundet Dauer: kurz
Ausssprachehinweis	wird gesprochen wie das zweite ⟨a⟩ in ⟨Apparat⟩ [apəʀa:t] oder das ⟨e⟩ in ⟨Bande⟩ [bandə]. Ähnlich ist auch die Aussprache von ⟨a⟩ in engl. ⟨alive⟩ [əlaɪv].

 Phonetischer Hinweis:

Der Schwa-Laut /ə/ kann im Mund auch etwas abgesenkt ausgesprochen werden.[12] Das ergibt dann den a-Schwa-Laut [ɐ]. Dieser Vokal ist ‚fast offen' und ‚fast tief' und damit näher beim /ɑ/.[13] Im Deutschen wird das [ɐ] in Wörtern ⟨Kinder⟩ [kʰɪndɐ], ⟨Bruder⟩ [bru:dɐ] oder ⟨der⟩ [de:ɐ] gesprochen. Im Hindi kommt [ɐ] auch vor und kann mit Ohala (1999: 102) als Aussprachevariante des /ə/ ansehen werden.

अ /a/	अब	/ab/	jetzt
	अमीर	/ami:r/	reich
	अमर	/amar/	unsterblich

1.1.2.1 Der Laut [ə] als inhärenter Vokal

Das kurze /a/ bzw. [ə] ist in jedem Konsonantenzeichen enthalten (inhärent), d.h. न steht nicht für den einzelnen Konsonanten /n/ wie im Deutschen, sondern für die Silbe [nə].

Das kurze /a/ wird in der Devanāgarī-Schrift also nicht eigens geschrieben. Jeder Konsonant K, der nicht anders markiert ist, wird als /Kə/ ausgesprochen. (Das gilt jedoch nicht für einen Konsonanten am Ende eines Wortes und für eine Reihe von anderen Fällen, die im Kapitel 6.1 behandelt werden.)

12 Man spricht deshalb auch vom „tiefen Schwa".

13 Der Laut ist aber nach wie vor zentral. Deshalb ist die Transkription /ʌ/, wie sie z.B. in Pořízka (1963: 24 f.) und Friedrich (1999: 27 ff.) für das Hindi angegeben wird, nicht adäquat, wenn man der Transkription der IPA folgen will. Siehe auch Ohala (1999: 102).

Beispiel:

मकान	maka:n	Haus

म steht für die Silbe /ma/; in der zweiten Silbe ist das /a:/ lang, deshalb का /ka:/. Am Ende liest man nur /n/, da am Wortende das kurze /a/ wegfällt.

Weitere Beispiele:

पर	/par/	auf *(Das Buch liegt auf dem Tisch)*
मत	/mat/	nicht *(Trinke nicht!)*
मन	/man/	Herz, Verstand

Vor ह [ɦ] wird [ə] als [ɛ] ausgesprochen, wenn auf das ह kein anderer Vokal als [ə] folgt. Beispiele: पहला [pɛɦlɑː], शहर [ʃɛhɾ]. Zu [ɛ] siehe 2.1.2.

1.1.3 ई ◌ी, /iː/

Devanāgarī-Symbol unabhängige Position	ई
Devanāgarī-Symbol abhängige Position	◌ी
Phonetische Transkription	[iː]
Transliteration[14]	i:
Phonetische Beschreibung des Lautes	Vokal Position: vorne Höhe der Zunge: hoch = geschlossener Vokal Rundung der Lippen: ungerundet Dauer: lang
Aussprachehinweis	wird gesprochen wie das ⟨ie⟩ in dt. ⟨biete⟩ [bi:tə].

Phonetischer Hinweis:

Von allen Vokalen wird das [iː] am weitesten vorne gebildet und die Zunge ist am höchsten gewölbt. Das [iː] ist damit am weitesten vom zentralen (entspannten) Schwa-Laut /ə/ entfernt. Deshalb wird der Laut auch als „gespannt" bezeichnet. Hier soll diese Bezeichnung jedoch nicht verwen-

14 Hunterian System: ī; ISO: ī; Bhari: ī; Snell: ī. Phonetisch (IPA): [iː]. In Indien wird der Laut im Alltag meist als ⟨ee⟩ transkribiert.

det werden. Die Unterscheidung *gespannt vs. nicht gespannt* wird oft statt der Unterscheidung *lang vs. kurz* verwendet, da alle langen Vokale im Hindi (genau wie im Deutschen) auch gespannter sind, als ihre jeweiligen kurzen Entsprechungen. Hier wird die traditionelle Unterscheidung nach der Länge bevorzugt. Vgl. auch Ohala (1983: 10) und Masica (1999: 111).

1.1.3.1 ई steht in unabhängiger Position für /i:/

ई /i:/	ईमान	/i:ma:n/	Glaube
	ईमेल	/i:mel/	E-Mail
	ईसाई	/i:sa:i:/	christlich
	ईमानदार	/i:ma:nda:r/	ehrlich

1.1.3.2 ी steht in abhängiger Position für [i:]

ी	zusammen mit /p/ प	पी	पीना	/pi:na:/	trinken
	zusammen mit /t/ त	ती	तीन	/ti:n/	drei
	zusammen mit /n/ न	नी	पानी	/pa:ni:/	Wasser
	zusammen mit /b/ ब	बी	बीस	/bi:s/	zwanzig

In ईसाई /i:sa:i:/ (siehe 1.1.3.1) steht das ई am Wortende. Man würde hier zunächst ी erwarten. Da aber ein Konsonant immer nur einen Vokal tragen kann, muss die unabhängige Form des Vokals ई wie am Wortanfang geschrieben werden. Der Konsonant स trägt schon das lange /a:/ in सा; deshalb muss der daran anschließende Vokal /i:/ als ई geschrieben werden. Diese Regel gilt für alle Vokale.

Morphophonemischer Hinweis:[15]

Durch das Hinzutreten bestimmter Flexionsendungen wird das /i:/ am Ende eines Wortstamms zu einen kurzen i-Laut.

Beispiel:	हाथी	der Elefant	हाथियों को	den Elefanten
	लड़की	das Mädchen	लड़कियाँ	die Mädchen

15 Als Morphophonemik bezeichnet man die Lehre von den Veränderungen, die Laute durch die Nachbarschaft anderer Laute aus neu hinzutretenden Wortbausteinen erfahren. Morphophonemische Fragen gehören nicht zum Gegenstand der vorliegenden Darstellung, spielen aber in der Grammatik des Hindi eine wichtige Rolle. Vgl. z. B. Koul (2008: 30 f.), Kachru (2006: 33 f.).

1.1.4 इ ि, /i/

Devanāgarī-Symbol unabhängige Position	इ
Devanāgarī-Symbol abhängige Position	ि
Phonetische Transkription	[ɪ]
Transliteration[16]	i
Phonetische Beschreibung des Lautes	Vokal Position: vorne Höhe der Zunge: fast hoch = fast geschlossener Vokal Rundung der Lippen: ungerundet Dauer: kurz
Aussprachehinweis	wird gesprochen wie das ⟨i⟩ in dt. ⟨Bitte⟩ [bɪtə].

Phonetischer Hinweis:

[ɪ] unterscheiden sich vom [iː] nicht nur in der Länge. [ɪ] ist auch etwas tiefer und etwas weniger geschlossen als [iː]. Hier soll aber die Dauer (Quantität) als entscheidendes Kriterium zur Unterscheidung angesehen werden. Siehe dazu die Bemerkungen zu *gespannt* vs. *ungespannt* beim [iː] in 1.1.3.

1.1.4.1 इ steht in unabhängiger Position für /ɪ/

इ /i/	इमारत	/ima:rat/	Gebäude
	इस्लाम	/isla:m/	Islam
	इतना	/itna:/	so viel
	इनाम	/ina:m/	Preis, Auszeichnung

1.1.4.2 ि steht in abhängiger Position für /ɪ/

Beachte: Das Zeichen ि für kurzes /i/ wird links von dem Konsonanten geschrieben, auf den es in der Aussprache folgt.

16 Hunterian System: i; ISO: i; Bhari: i; Snell: i. Phonetisch (IPA): [ɪ].

ि	zusammen mit /b/ ब	बि	बिना	/bina:/	ohne
	zusammen mit /k/ क	कि	कितना	/kitna:/	wie viel
	zusammen mit /p/ प	पि	पिता	/pita:/	Vater
	zusammen mit /r/ र	रि	अमरिका	/amrika:/	Amerika

Weitere Beispiele:

दिन	/din/	Tag
निकालना	/nika:lna:/	herausnehmen
मिनट	/minaṭ/	Minute

1.2 Konsonanten

Folgende Konsonanten क, त, प, ब, न, म, र kamen in den Beispielen bereits vor. Sie sollen nun einzeln vorgestellt werden. Diese Konsonanten werden ähnlich ausgesprochen wie die entsprechenden Konsonanten im Deutschen. क, त, प, ब sind jedoch weniger behaucht.

Wie oben ausgeführt, stehen die Zeichen क, म, प, ब usw. immer für Silben; sie werden also als क [kə], म [mə], प [pə], ब [bə] usw. ausgesprochen.

1.2.1 क, /ka/

Devanāgarī-Symbol	क
Phonetische Transkription IPA	[k]
Transliteration[17]	k
Phonetische Beschreibung des Lautes	Konsonant velarer, stimmloser Verschlusslaut (Plosiv, Stop) unbehaucht
Ausprachehinweis	wird gesprochen wie ⟨k⟩ in dt. ⟨spukten⟩ [ʃpu:kən]. Der Laut ist jedoch weniger behaucht als im Deutschen.

17 Hunterian System: k; ISO: k; Bhari: k; Snell: k. Phonetisch (IPA): [k].

Phonetische Hinweise:

Nach den Regeln der Aussprachewörterbücher des Deutschen sind Laute wie p, t, k im Anlaut immer behaucht (vgl. Altmann/Ziegenhain [2007: 34]). Ein Wort wie ⟨kahl⟩ wäre dann als [kʰɑːl] auszusprechen und somit als Beispiel für क nicht geeignet. Es ist darauf zu achten, dass क unbehaucht auszusprechen ist, da es im Hindi einen behauchten k-Laut gibt, der durch den Buchstaben ख repräsentiert wird. Die Unterscheidung क ↔ ख wird im Hindi dazu benutzt, um Wörter zu differenzieren (siehe 4.1.1).

क /ka/	कम	/kam/	wenig
	काम	/ka:m/	Arbeit
	कितना	/kitna:/	wie viel
	कान	/ka:n/	Ohr

1.2.2 त, [t̪a]

Devanāgarī-Symbol	त
Phonetische Transkription IPA	[t̪]
Transliteration [18]	t
Phonetische Beschreibung des Lautes	Konsonant dentaler, stimmloser Verschlusslaut (Plosiv, Stop) nicht behaucht.
Ausprachehinweis	wird ungefähr gesprochen wie ⟨tt⟩ in dt. ⟨hatte⟩ [hatə]. Der Laut ist jedoch im Gegensatz zum Deutschen dental, d. h. die Zungenspitze liegt an der Rückseite der oberen Schneidezähne.

18 Hunterian System: t; ISO: t; Bhari: t; Snell: t. Phonetisch (IPA): [t̪].

 Phonetischer Hinweis:

Der im Deutschen ⟨t⟩ geschriebene Laut wird alveolar gebildet, d.h. die Zungenspitze berührt den Zahndamm; er wird auch oft behaucht ausgesprochen wie z.B. in ⟨Tee⟩ [t^{h}e:]. Eine solche Behauchung ist bei der Aussprache von त zu vermeiden. Im Hindi wird dieser t-Laut dental artikuliert, d.h. dass die Zunge bei der Artikulation die oberen Schneidezähne berührt. In der phonetischen Transkription wird das durch das Bänkchen-Symbol ◌̪ zum Ausdruck gebracht. Das Zeichen unter dem t gibt an, dass der Laut dental ist. Im Hindi ist dieser t-Laut nicht behaucht und klingt insgesamt weicher als im Deutschen. Das folgende Schaubild nach Cleghorn/Rugg (2011: 155) gibt eine Gegenüberstellung der Artikulation des dentalen und alveolaren t-Lauts.

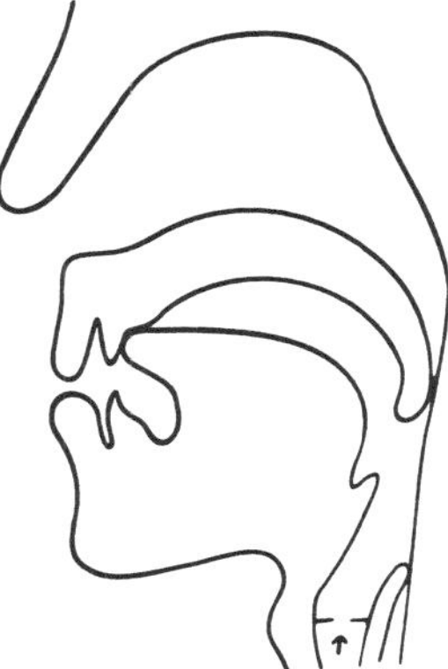

dentales [t̪] (Hindi)

alveolares [t] (Deutsch)

Beispiele:

त /ta/	तीन	/ti:n/	drei
	मत	/mat/	nicht
	इमारत	/ima:rat/	Gebäude
	बात	/ba:t/	Sache, Angelegenheit

1.2.3 प, /pa/

Devanāgarī-Symbol	प
Phonetische Transkription IPA	[p]
Transliteration [19]	p
Phonetische Beschreibung des Lautes	Konsonant bilabialer, stimmloser Verschlusslaut (Plosiv, Stop) unbehaucht
Ausssprachehinweis	wird gesprochen wie dt. ⟨pp⟩ in ⟨Gruppe⟩ [grʊpə]. Der Laut ist jedoch weniger behaucht als im Deutschen[20] und hört sich weicher an.

Beispiele:

प /pa/	पानी	/pa:ni:/	Wasser
	पति	/pati/	Ehemann
	पीना	/pi:na:/	trinken
	पर	/par/	auf

1.2.4 ब, /ba/

Devanāgarī Symbol	ब
Phonetische Transkription IPA	[b]
Transliteration [21]	b
Phonetische Beschreibung des Lautes	Konsonant bilabialer, stimmhafter Verschlusslaut (Plosiv, Stop) unbehaucht
Ausssprachehinweis	wird gesprochen wie das ⟨b⟩ in dt. ⟨Liebe⟩ [li:bə]. Der Laut ist im Hindi jedoch weniger behaucht als im Deutschen und wird deutlich stimmhafter gesprochen.

19 Hunterian System: p ; ISO: p; Bhari: p; Snell: p. Phonetisch (IPA): [p].
20 Das Wort dt. ⟨Pate⟩ wäre hier also ein ungeeignetes Beispiel, da das ⟨p⟩ im Anlaut behaucht ist [pʰɑ:tə].
21 Hunterian System: b ; ISO: b; Bhari: b; Snell: b. Phonetisch (IPA): [b].

Phonetischer Hinweis:

Das ब im Hindi ist deutlich stimmhaft zu sprechen. „Stimmhaft" heißt, dass die Stimmbänder bei der Artikulation beteiligt sind. Stimmhaft sind also die Vokale und Nasale aber auch andere Laute wie z. B. das [v] व im Hindi und eben auch [b], [d] und [g] bzw. ब, द, ग.[22] Anzumerken bleibt hier, dass in vielen Beschreibungen des Deutschen die Konsonanten b, d, g als „stimmhaft" bezeichnet wurden. Das ist jedoch für einen großen Teil des deutschen Sprachraums nicht richtig. Der eigentliche Unterschied zwischen [b] und [p] besteht im Deutschen nicht hinsichtlich *Stimmhaftigkeit* vs. *Stimmlosigkeit*, sondern hinsichtlich des bei der Artikulation verwendet Drucks. Der Verschluss wird beim [b] weicher gelöst.[23] Stimmlosigkeit wird nach IPA durch einen Kringel ◌̥ unter den Buchstaben markiert. Man kann also sagen, dass ein großer Teil der Sprecher des Deutschen den b-Laut als [b̥] artikulieren. Damit kann man den Unterschied Deutsch – Hindi wie folgt zusammenfassen: Im Hindi wird der b-Laut als stimmhaftes [b] gesprochen. Im Deutschen kommt meist das stimmlose [b̥] vor.

Beispiele:

ब /ba/	अब	/ab/	jetzt
	बीस	/bi:s/	zwanzig
	बनाना	/bana:na:/	machen
	बात	/ba:t/	Sache, Angelegenheit

1.2.5 म, /ma/

Devanāgarī-Symbol	म
Phonetische Transkription IPA	[m]
Transliteration[24]	m

22 Will man in der IPA Notation markieren, dass ein Konsonant stimmhaft ist, so setzt man ein Häkchen ◌̬ unter den Buchstaben. Um den Unterschied zum b im Deutschen hervorzuheben, könnte man also [b̬] für den b-Laut im Hindi schreiben. Damit ergibt sich die Gegenüberstellung: Hindi [b̬] vs. Deutsch [b̥]. Es würde sich allerding um eine „ad hoc"-Verwendung des Häkchens beim [b] handeln.

23 Vgl. Altmann / Ziegenhain (2007: 61). Diese weichere Lösung des Verschlusses gilt natürlich auch für [d] und [g], d. h. es wird [b̥], [d̥], [g̊] gesprochen.

24 Hunterian System: m; ISO: m; Bhari: m; Snell: m. Phonetisch (IPA): [m].

Phonetische Beschreibung des Lautes	Konsonant bilabialer (stimmhafter) Nasal
Aussprachehinweis	wird gesprochen wie das ⟨m⟩ in dt. ⟨Miete⟩ [mi:tə]

म steht für die Silbe [mə], die aus dem Nasal-Laut [m] und den Schwa-Laut [ə] besteht. Bei Nasalen wird der Mundraum für den Luftstrom blockiert. Bei nicht-nasalen (oralen) Lauten ist der Nasenraum durch das Velum (Gaumensegel) verschlossenen. Dieser Verschluss öffnet sich bei Nasalen und die Luft strömt durch die Nase.

Die beiden Schaubilder aus Cleghorn/Rugg (2011: 10, 15) können das illustrieren.

Artikulation vom [m]

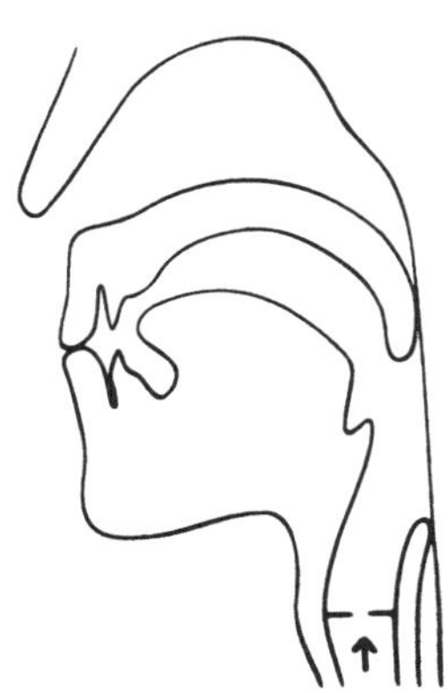

Artikulation vom [p]

Beide Laute [m] und [p] sind bilabial, d.h. der Verschluss des Luftstroms wird durch die Lippen geleistet. Beim [m] ist aber der Nasenraum offen. Ein weiterer Unterschied der Laute ist auch in der Graphik dargestellt. Beim [m] sind die Stimmbänder beteiligt, der Laut ist stimmhaft. Symbolisiert wird das im Schaubild durch eine gezackte Linie. ʌʌʌʌʌ Die Stimmlosigkeit des [p] wird durch – – dargestellt.

Beispiele:

म /ma/	काम	/ka:m/	Arbeit
	माता	/ma:ta:/	Mutter
	अमीर	/ami:r/	reich
	इसलाम	/isla:m/	Islam

1.2.6 न, /na/

Devanāgarī-Symbol	न
Phonetische Transkription IPA	[n]
Transliteration[25]	n
Phonetische Beschreibung des Lautes	Konsonant dentaler (stimmhafter) Nasal
Aussprachehinweis	wird ähnlich gesprochen wie dt. ⟨n⟩ in ⟨nie⟩ [ni:]. Die Zungenspitze berührt aber die Zähne und nicht, wie im Deutschen, den Zahndamm. Der n-Laut ist im Hindi also dental; im Deutschen ist er alveolar.

Beispiele:

न /na/	तीन	/ti:n/	drei
	बनाना	/bana:na:/	machen
	पानी	/pa:ni:/	Wasser
	कितना	/kitna:/	wie viel

1.2.7 र, /ra/

Devanāgarī-Symbol	र
Phonetische Transkription IPA	[ɾ]
Transliteration[26]	r
Phonetische Beschreibung des Lautes	Konsonant alveolarer, stimmhafter Flap
Aussprachehinweis	Der Laut wird gesprochen wie span. ⟨pero⟩ [peɾo] = dt. *aber*. Diesen Laut gibt es im Deutschen nicht. Man kann den Laut aber mit dem Zungenspitzen-R (gerolltes R) [r] im Deutschen vergleichen. Während das [r] im Deutschen mehrere Zungenschläge hat, gibt es beim [ɾ] nur eine Berührung der Zungenspitze am Zahndamm.

25 Hunterian System: n; ISO: n; Bhari: n; Snell: n. Phonetisch (IPA): [n].
26 Hunterian System: r; ISO: r; Bhari: r; Snell: r. Phonetisch (IPA): [ɾ].

Aussprachehinweis:

Hier folgen wir Cleghorn/Rugg (2011: 225) und klassifizieren den r-Laut im Hindi als Flap.[27] Bei den Flaps ist der Artikulationsvorgang sehr dynamisch, d.h. die Positionen der Zunge und des passiven Artikulationsorganes zueinander wechseln sehr schnell. Die Zunge macht beim [ɾ] keinen festen Kontakt mit dem Zahndamm, sondern sie bewegt sich nur kurz über diese Artikulationsstelle hinweg. Auf diese Weise wird der Luftstrom auch nur kurz unterbrochen.[28]

Wichtig ist, dass der Laut mit der Zungenspitze (apikal) und am Zahndamm (alveolar) realisiert wird. Auf jeden Fall ist die im Deutschen verbreitete Artikulation des r-Lauts [ʁ] am Zäpfen vermeiden. [ʁ] ist ein stimmhafter uvularer Reibelaut. Dieser Laut hat keine phonetische Ähnlichkeit mit dem [ɾ] im Hindi. Wie schon in den Aussprachehinweisen in der Tabelle ausgeführt, kann man sich als Sprecher des Deutschen dem [ɾ] im Hindi annähern, wenn man den stimmhaften alveolaren Vibranten [r] (gerolltes R) spricht und die wiederholten Zungenschläge dieses Lauts auf einen reduziert.

Beispiele:

र /ra/	अमीर	/ami:r/	reich
	पर	/par/	auf
	इमारत	/ima:rat/	Gebäude
	रात	/ra:t/	Nacht

27 Hier weichen wir von Ohala (1983: 2) und (1999: 100) ab, die /ɾ/ als „Tap" bezeichnet. Siehe „Flap (Phonetik)" Wikipedia deutsch.

28 Vgl. Cleghorn/Rugg (2011: 224): Flaps "involve quick, flickering movements of a loosely held articulator against the point of articulation. The articulator actually only touches the point of articulation for a very brief period of time."

Was wir lernen:

- 4 weitere Vokale in unabhängiger und abhängiger Position: ए, ◌े, ऐ, ◌ै, ऊ, ◌ू, उ, ◌ु
- 6 weitere Konsonanten: स, ह, ल, ग, य, च
- Schreibung von zwei aufeinander folgenden Konsonanten (Ligaturen, *conjuncts*) erkennen.

2.1 Vokale

2.1.1 ए ◌े, /e/

Devanāgarī-Symbol unabhängige Position	ए
Devanāgarī-Symbol abhängige Position	◌े
Phonetische Transkription	[eː]
Transliteration[29]	e
Phonetische Beschreibung des Lautes	Vokal Position: vorne Höhe der Zunge: halbhoch = halbgeschlossener Vokal Rundung der Lippen: ungerundet Dauer: lang
Aussprachehinweis	wird gesprochen wie das erste ⟨e⟩ im deutschen ⟨geben⟩ [geːbən].

Phonetischer Hinweis:

ए ist als langes [eː] zu sprechen: बेटा [beːʈaː] (*Sohn*). Hierbei handelt es sich um eine phonetische Transkription. Ohala (1999: 103) transkribiert aber एक als „ek" und ने als „ne". Man darf vermuten, dass sie hier eine phonologische Transkription angestrebt hat. Im Hindi gibt es keine phonologisch relevante Opposition zwischen [eː] und [e]. Der Gegensatz besteht zwischen /eː/ und /ɛ/ wie z. B. in हे (*Oh!*) und है (*ist*).[30] In der hier für die Beispiele gewählten Transliteration wird auch auf die Markierung der Länge verzichtet.

29 Hunterian System: e; ISO: ē; Bhari: e; Snell: e. Phonetisch (IPA): [eː].
30 Die Verhältnisse im Deutschen sind ähnlich; vgl. /bɛt/ ⟨Bett⟩ ↔ /beːt/ ⟨Beet⟩.

2.1.1.1 ए steht in unabhängiger Position für [eː] bzw. /e/.

ए /e/	एक	/ek/	eins
	एकता	/ekta:/	Einheit
	के लिए	/kelie/	für

Bei dem dritten Beispiel के लिए ist die unabhängige Form ए notwendig, da der Konsonant ल /l/ wieder nur einen Vokal, das kurze /i/, tragen kann.

2.1.1.2 े steht in abhängiger Position für [eː] bzw. /e/.

े	zusammen mit /m/ म	मे	मेरा	/mera:/	mein
	zusammen mit /n/ न	ने	नेपाल	/nepa:l/	Nepal
	zusammen mit /b/ ब	बे	बेकार	/beka:r/	nutzlos

Weitere Beispiele:

रेत	/ret/	Sand
लेना	/lena:/	nehmen
बेटा	/beṭa:/	Sohn

2.1.2 ऐ ै, /ɛː/

Devanāgarī-Symbol unabhängige Position	ऐ
Devanāgarī-Symbol abhängige Position	ै
Phonetische Transkription	[ɛː]
Transliteration[31]	æ
Phonetische Beschreibung des Lautes	Vokal Position: fast vorne Höhe der Zunge: mitteltief = halboffener Vokal Rundung der Lippen: ungerundet Dauer: lang

31 Hunterian System: ai; ISO: ai; Bhari: āī; Snell: ai. Phonetisch (IPA): [ɛː].

Aussprachehinweis	Süddeutschen (insbesondere Schwaben) ist der Laut vertraut. Sprecherinnen und Sprecher aus dieser Region machen einen deutlichen Unterschied zwischen der Aussprache von ⟨Beeren⟩ und ⟨Bären⟩ [beːʁən] und [bɛːʁən]. ऐ wäre also zu sprechen wie das ⟨ä⟩ in süddt. ⟨Bären⟩. [ɛː] ist tiefer und offener zu sprechen als [eː].[32] Häufig wird auch [æ] in engl.⟨cat⟩ [kæt] als Hinweis für die Aussprache angegeben.[33]

Für das Sanskrit kann man davon ausgehen, dass ऐ als Diphthonge [aːɪ] ausgesprochen wurde. Auf dem Weg zu Hindi wurde der Laut jedoch monophthongiert zu æ. (Vgl.: Masica [1991: 111]). Die Transliteration „ai" für ऐ, die auch bei der Transliteration des Hindi verbreitet ist, dürfte sich aus der Orientierung an der Sanskrit-Transliteration erklären. Sie sollte aber nicht als Hinweis darauf verstanden werden, dass ऐ im Standard-Hindi als Diphthonge zu realisieren ist.

Die Sache wird dadurch komplizierter, dass im östlichen Teil des Hindi-Sprachraums üblicherweise [aɪ] gesprochen wird. Das ist jedoch eine Dialektform und wird von Hindi-Sprechern als Purabija-Akzent (पुरबिया लहजा) bezeichnet (पुरबिया = jemand der aus dem Osten stammt).[34]

Terminologische Hinweise:

Die phonetischen Angaben zur Aussprache von ऐ sind in der Literatur uneinheitlich. Im Wesentlichen gibt es zwei Varianten für die Transkription von ऐ und zwar [ɛ] und [æ]. Außerdem gibt es Unterschiede hinsichtlich der Markierung der Länge. Nicht alle Darstellungen weisen auf den Unterschied der Aussprache im Osten und Westen hin. Die folgende Tabelle gibt eine leicht vereinfachte Übersicht über die Notationen in einigen der hier verwendeten Bücher.

Autor	ऐ	Beispiel / Aussprachehinweis
Masica (1991: 111)	æ	
Shapiro (1989: 11)	[æ] [aɪ]	Westen: ⟨cat⟩ [kæt] Osten: ⟨bike⟩ [baɪk]

32 Standardsprachlich [ɛː] wird auch in Wörtern wie ⟨Käse⟩ [khɛːzə] verwendet.
33 Hörbeispiele für die Aussprache von ऐ und ए finden sich unter ऐ in der Wikipedia auf Hindi. ऐ https://hi.wikipedia.org/wiki/%E0%A4%90 .
34 Vgl. ऐ https://hi.wikipedia.org/wiki/%E0%A4%90

Shapiro (2003: 258)	[æ]	Als Diphthong im Osten und in Nicht-Standard-Dialekten.
Pořízka (1963: 24 f.)	[æ] [æe]	Delhi: æ wie engl. ⟨hand⟩ Südlich und östlich: æ gefolgt von einem [e]; कैसे [kæese], है [hæe]
Snell (2003: 31)		wie engl. ⟨bank⟩ /bæŋk/ aber mit geringerer Öffnung des Mundes Im Osten: wird mehr diphthongiert und reimt sich auf ⟨my⟩ /maɪ/
Fornell / Liu (2010: 5)	[æ:]	engl. ⟨man⟩ ऐसा
Ohala (1999: 102)	/ɛ/	/mɛl/ dt. *Schmutz*
Koul (2008: 13)	/ɛ/	ऐनक /ɛnak/ dt. *Spiegel*

2.1.2.1 ऐ steht in unabhängiger Position für /ɛː/ – Transliteration æ

ऐ /ɛː/	ऐनक	/ænak/	Brille
	ऐसा	/æsa:/	auf diese Art
	ऐब	/æb/	Fehler

2.1.2.2 ◌ै steht in abhängiger Position für /ɛː/ – Transliteration æ

◌ै	zusammen mit /p/ प	पै	पैसा	/pæsa:/	Geld
	zusammen mit /k/ क	कै	कैसा	/kæsa:/	Von welcher Art? Was für ein ...?
	zusammen mit /b/ ब	बै	बैठना	/bæṭhna:/	sitzen

Weitere Beispiele:

तैरना	/tærna:/	schwimmen
नैतिक	/nætik/	moralisch

2.1.3 ऊ, ◌ू /u:/

Devanāgarī-Symbol unabhängige Position	ऊ
Devanāgarī-Symbol abhängige Position	◌ू
Phonetische Transkription	[uː]
Transliteration[35]	u:
Phonetische Beschreibung des Lautes	Vokal Position: hinten Höhe der Zunge: hoch = geschlossener Vokal Rundung der Lippen: gerundet Dauer: lang
Aussprachehinweis	wird gesprochen wie das ⟨u⟩ in dt. ⟨Bruder⟩ [bruːdɐ].

In 2.1.4 wird die Artikulation von [uː] der von [ʊ] in einer Graphik gegenübergestellt.

2.1.3.1 ऊ steht in unabhängiger Position für /u:/

ऊ /u:/	ऊपर	/u:par/	oben, über, im oberen Stockwerk
	ऊन	/u:n/	Wolle
	ऊब	/u:b/	Langeweile
	कमाऊ	/kama:u:/	Einkommen

Anmerkung: Bei कमाऊ liegt wieder der Fall vor, dass der Konsonant म nur einen Vokal, das lange /ɑ:/, tragen kann. Deshalb erscheint das /u:/ in der unabhängigen Schreibweise.

2.1.3.2 ◌ू steht in abhängiger Position für /u:/

◌ू	zusammen mit /p/ प	पू	पूरा	/pu:ra:/	vollständig
	zusammen mit /b/ ब	बू	कबूतर	/kabu:tar/	Taube
	zusammen mit /m/ म	मू	मूक	/mu:k/	stumm

35 Hunterian System: ū ; ISO: ū; Bhari: ū; Snell: ū. Phonetisch (IPA): [uː]. In Indien wird der Laut im Alltag meist als ⟨oo⟩ transkribiert.

Weitere Beispiele:

मालूम	/ma:lu:m/	bekannt
तू	/tu:/	du (informell; zu kleinen Kindern)
नूतन	/nu:tan/	neu
बू	/bu:/	Gestank

2.1.4 उ, ◌ु /u/

Devanāgarī-Symbol unabhängige Positicn	उ
Devanāgarī-Symbol abhängige Position	◌ु
Phonetische Transkription	[ʊ]
Transliteration[36]	u
Phonetische Beschre bung des Lautes	Vokal Position: fast hinten Höhe der Zunge: fast hoch = fast geschlossener Vokal Rundung der Lippen: weniger gerundet als [u:] Dauer: kurz
Aussprachehinweis	wird gesprochen wie das ⟨u⟩ in dt. ⟨und⟩ [ʊnt].

/ʊ/ wird im Hindi weiter vorne und etwas tiefer als [u] artikuliert.

2.1.4.1 उ steht in unabhängiger Position für /ʊ/ – Transkription /u/

उ /u/	उसका	/uska:/	sein, ihr (Haus)
	उतरना	/utarna:/	aussteigen, absteigen
	उतना	/utna:/	so viel
	उनतीस	/unti:s/	neunundzwanzig

36 Hunterian System: u; ISO: u; Bhari: u; Snell: u. Phonetisch (IPA): [ʊ].

2.1.4.2 ु steht in abhängiger Position für /u/

ु	zusammen mit /p/ प	पु	पुराना	/pura:na:/	alt
	zusammen mit /t/ त	तु	तुम	/tum/	du (vertraulich)
	zusammen mit /n/ न	नु	नुकीला	/nuki:la:/	spitz
	zusammen mit /b/ ब	बु	साबुन	/sa:bun/	Seife

Weitere Beispiele:

कुरसी	/kursi:/	Stuhl
मुबारक	/muba:rak/	Glückwunsch
बिलकुल	/bilkul/	völlig, ganz, absolut

Die folgenden Schaubilder aus Cleghorn / Rugg (2011: 165) verdeutlichen die unterschiedliche Zungenstellung bei [u] und [ʊ].

Artikulation von [u]

Artikulation vom [ʊ]

Morphophonemischer Hinweis:

In bestimmten Umgebungen wird [u:] zu einem kurzen u-Laut.

Beispiel:	हिन्दू	der Hindu	हिन्दुओं को	den Hindus
	छूना	berühren	छुआ	berührte

2.2 Konsonanten

2.2.1 ग, /ga/

Devanāgarī-Symbol	ग
Phonetische Transkription IPA	[g]
Transliteration[37]	g
Phonetische Beschreibung des Lautes	Konsonant velarer, stimmhafter Verschlusslaut (Plosiv, Stop) unbehaucht
Ausssprachehinweis	wird gesprochen wie ⟨g⟩ in dt. ⟨geben⟩ [geːbən]. Der Laut ist aber, im Gegensatz zum Deutschen, eindeutig stimmhaft zu realisieren.[38]

Beispiele:

ग /ga/	गरम	/garam/	heiß
	गरमी	/garmi/	Sommer, Hitze
	गीत	/giːt/	Lied
	आग	/aːg/	Feuer
	नगर	/nagar/	Stadt

2.2.2 स, /sa/

Devanāgarī-Symbol	स
Phonetische Transkription IPA	[s]
Transliteration[39]	s
Phonetische Beschreibung des Lautes	Konsonant stimmloser, alveolarer Frikativ
Ausssprachehinweis	wird gesprochen als stimmloser s-Laut wie ⟨ss⟩ in dt. ⟨Nuss⟩ [nʊs].

37 Hunterian System: g; ISO: g; Bhari: g; Snell: g. Phonetisch (IPA): [g].
38 Vgl. die phonetischen Hinweise zu ब 1.2.4.
39 Hunterian System: s; ISO: s; Bhari: s; Snell: s. Phonetisch (IPA): [s].

 Terminologischer Hinweis:

स wird vielfach (z. B. in Shapiro [1989: 19], Snell [2003: 28] und Kachru [2006: 24, 39]) als „Sibilant" beschrieben. Sibilanten sind „Zischlaute"; sie gehören zu den Frikativen (Reibelauten). Shapiro (2003: 259) unterscheidet deshalb bei seiner Übersicht über die Konsonanten bei den Frikativen zwischen nicht-sibilantisch („Non Sibilant") und sibilantisch („Sibilant"). Ohala (1983: 2) und Ohala (1999: 100) verzichtet ganz auf den Begriff „Sibilant" und ordnet /f/, /s/ und /ʃ/ den Frikativen zu. Auch Shukla (2006: 496) und Kachru (2009: 401) sprechen nur von Frikativen. Wir folgen dieser Klassifikation. Die traditionelle Vorliebe für den Begriff „Sibilant" könnte sich daher erklären, da es im Sanskrit keine anderen Frikative als Sibilanten gibt.

स /sa/	सारा	/saːraː/	ganz, vollständig
	सात	/saːt/	sieben (7)
	बस	/bas/	genug, nicht mehr!
	बीस	/biːs/	zwanzig

2.2.3 ह, /ha/

Devanāgarī-Symbol	ह
Phonetische Transkription IPA	[ɦ]
Transliteration[40]	h
Phonetische Beschreibung des Lautes	Konsonant stimmhafter, glottaler Frikativ (Reibelaut)
Aussprachehinweis	wird so ungefähr gesprochen wie ⟨h⟩ in dt. ⟨hat⟩ [hat]. ह wird jedoch meist stimmhaft ausgesprochen, während im Deutschen /h/ immer stimmlos ist. Deshalb wird hier für ह [ɦ] und nicht [h] angegeben.[41]

40 Hunterian System: h; ISO: h; Bhari: h; Snell: h. Phonetisch (IPA): [ɦ].
41 Die Unterscheidung [h] vs. [ɦ] wird nicht überall gemacht. So gibt Ohala (1999: 100) z. B. [h] als glottalen Frikativ an. हवा transkribiert sie nach IPA als „həʋa". Im Deutschen tritt /h/ nur im Anlaut oder vor Vokalen auf. Der Buchstabe ⟨h⟩ wird im Deutschen bekanntlich sehr häufig als Dehnungszeichen verwendet, d. h. das ⟨h⟩ zeigt an, dass der vorausgehende Vokal lang ist z. B. in ⟨Zahl⟩, ⟨Wohl⟩, ⟨Fehler⟩.

 Phonetischer Hinweis:

Das [ɦ] bewirkt in manchen Umgebungen Veränderungen des vorausgehenden Vokals. So wird z. B. in कहना die zu erwartende phonetische Form *[kəɦəna] zu [kɛɦəna]; बहिन wird nicht *[bəɦɪn] sondern [bɛɦɪn] gesprochen. Es kann auch sein, dass das [ɦ] wegfällt und बहिन als [bæn] realisiert wird. Vgl. Shapiro (1989: 21) und Snell (2003: 28).

ह /ha/	हमारा	/hama:ra:/	unser
	हम	/ham/	wir
	हरा	/hara:/	grün
	बहू	/bahu:/	Schwiegertochter

2.2.4 ल, /la/

Devanāgarī-Symbol	ल
Phonetische Transkription IPA	[l]
Transliteration[42]	l
Phonetische Beschreibung des Lautes	Konsonant stimmhafter, dentaler, lateraler Approximant
Aussprachehinweis	wird ungefähr gesprochen wie ⟨l⟩ in dt. ⟨Latte⟩ [latʰə]. Der l-Laut im Hindi wird eher dental gebildet, d. h. die Zunge sitzt vorne an den Zähnen. Außerdem ist der Laut stimmhafter als im Deutschen.

 Phonetische und terminologische Erläuterungen:

Nach dem gegenwärtigen Forschungsstand handelt es sich beim /l/ um einen Approximanten. Das phonetische Charakteristikum der Approximanten besteht darin, dass sich das aktive Artikulationsorgan auf den Artikulationsort nur soweit zubewegt, dass der Luftstrom modifiziert wird; er wird aber nicht gestoppt oder zurückgehalten. (Cleghorn/Rugg [2011: 200]). Zu dieser Gruppe zählen, vereinfacht gesagt, die l-Laute und die Halbvokale wie /j/ und /ʋ/.[43]

42 Hunterian System: l; ISO: l; Bhari: l; Snell: l. Phonetisch (IPA): [l].
43 Zuweilen werden auch die r-Laute zu dem Approximanten gerechnet.

Die l-Laute werden auch „Laterale" genannt. Für Laterale ist typisch, dass der Luftstrom an der Seite der Zunge entlang strömt. Wenn die Zunge dann z.B. am Zahndamm platziert ist, kann die Luft links und rechts vorbeifließen; auf diese Weise wird keine Restriktion hervorgerufen (Cleghorn/Rugg [2011: 200 f.])

Das /l/ im Hindi ist ein dentaler Lateral, d.h. die Zunge sitzt vorne an den Zähnen.[44] Im Deutschen kann man von einer alveolaren Artikulation ausgehen (Altmann/Ziegenhain [2007: 39]). Beim /l/ im Hindi und im Deutschen handelt sich es um ein „klares" /l/. Im Englischen kommt dieser l-Laut am Anfang eines Wortes vor wie in ⟨leafe⟩ oder beim ersten ⟨l⟩ in ⟨lable⟩. (Vgl. Cleghorn/Rugg [2011: 201] und Snell [2003: 27]).

Die Beschreibungen und Klassifizierung in den verschiedenen didaktischen und sprachwissenschaftlichen Darstellungen variieren erheblich.

Verbreitet ist die Zuordnung zu den Halbvokalen (z.B. Shapiro [1987: 19]), Kumar [1994: 4]). Zu den Halbvokalen werden dabei /j/ य, /ɾ/ र, /l/ ल, und /ʋ/ व gerechnet. Bei dieser Klassifizierung handelt es sich um die traditionelle Beschreibungsweise.

Zuweilen wird /l/ zu den Liquiden gerechnet (Pořízka [1963: 36], Shukla [2006: 496]). Unter diesem Begriff wurden früher r- und l-Laute zusammengefasst.

Als „Lateral" wird /l/ u.a. bei Ohala (1983: 2), Koul (2008: 13) und Kachru (2009: 401) bezeichnet.

Ohala (1999: 102) und Shapiro (2003: 260) klassifizieren /l/ als „Approximant". Dieser Zuordnung haben wir uns hier angeschlossen.

ल /la/	लाल	/la:l/	rot
	काला	/ka:la:/	schwarz
	नीला	/ni:la:/	blau
	पीला	/pi:la:/	gelb
	लेकिन	/lekin/	aber
	कुली	/kuli:/	Kuli, Träger
	मैला	/mæla:/	schmutzig

44 Siehe Snell/Weightman (2008: 10); dort wird zu Recht das /l/ im Hindi als „dental" charakterisiert.

2.2.5 य, /ja/

Devanāgarī-Symbol	य
Phonetische Transkription IPA	[j]
Transliteration[45]	j
Phonetische Beschreibung des Lautes	Konsonant stimmhafter, palataler Approximant oder stimmhafter, palataler Halbvokal
Aussprachehinweis	wird gesprochen wie ⟨j⟩ in dt. ⟨ja⟩ [ja:]. Der Laut ist stimmhaft.

Aussprache Hinweise für य am Wortende:

Am Ende des Wortes kann das inhärente /a/ bei य in verschiedener Weise gesprochen werden:

a) nach /ɑ:/ und /o:/ wird es oft wie /e/ oder /i/ gesprochen.
   गाय /ga:j/ gesprochen als /ga:e/ (= *Kuh*).
   Dies ist in Ausnahmefällen auch in der Mitte des Wortes zu beobachten:
   लायक़ /la:jaq/ auch gesprochen als /la:iq/[46] (= *wertvoll, geeignet*)
b) Bei Wörtern, die aus dem Sanskrit kommen, wird das inhärente /a/ bei य nicht völlig fallengelassen, sondern durch ein ganz kurzes /a/ (IPA Transkription [ă]) realisiert, wenn /i/, /i:/ oder /u:/ unmittelbar vorausgehen.

Beispiele:

		nicht	
प्रिय	/prijă/	/prij/	lieb
चक्रीय	/ʧakri:jă/	/ʧakri:j/	kreisförmig

45 Hunterian System: y; ISO: y; Bhari: y; Snell: y. Phonetisch (IPA): [j]. – In englischsprachiger Literatur wird häufig als phonetische Transkription auch [y] verwendet.
46 Es findet sich auch die entsprechende Schreibweise लाइक़. Siehe Wiktionary English unter „लायक़".

Folgt य auf ein /ə/, fällt das [ă] am Ende des Wortes jedoch weg.

Beispiele:

समय	/samaj/	Zeit
विनय	/vinaj/	Flehen
निलय	/nilaj/	Heim, Ruheplatz

Nach Pořízka (1963: 47) wird समय bei weniger sorgfältiger Artikulation auch /samae/, /samæe / oder /samæ / gesprochen.

Terminologische Erläuterungen:

Wie schon in 2.2.4 im Zusammenhang mit /l/ ल ausgeführt, gibt es verschiedene Untergruppen der Approximanten. Eine davon sind die Halbvokale. Zu diesen Halbvokalen im engeren Sinne gehört das [j].[47] Wie bei anderen Approximanten wird der Luftstrom reduziert, aber nicht so sehr, dass es zu Reibegeräuschen kommt, wie bei den Frikativen. Die Luft fließt bei den Halbvokalen also relativ frei, aber auch nicht ganz so unbehindert wie bei den Vokalen.[48]

Man kann den Laut [j] entweder nach der Obergruppe klassifizieren, zu der er gehört, und ihn als „stimmhaften, palatalen Approximanten" bezeichnen, oder ihn als Element der Untergruppe der Halbvokale einordnen und ihn dann als „stimmhaften, palatalen Halbvokal" beschreiben.

Beispiele:

य /ja/	यह	/jah/	dies, er, sie es (nahe)
	या	/ja:/	oder
	योग	/jo:g/	Yoga
	समय	/samaj/	Zeit
	यदि	/jadi/	wenn, falls

47 Zu den Halbvokalen in diesem engeren Sinne gehört im Hindi außerdem noch /ʋ/. Siehe 3.2.2. व. – Shapiro (1987: 19), Kumar (1994: 4) und andere verwenden einen umfassenderen Begriff von „Halbvokal" und rechnen folgende Laute dazu: /j/ य, / ɾ/ र, /l/ ल und /ʋ/ व.

48 Im Unterschied zu den Vokalen können Halbvokale nicht den Kern einer Silbe bilden.

2.2.6 च, /ʧa/

Devanāgarī-Symbol	च
Phonetische Transkription IPA	[ʧ] oder [t͡ʃ]
Transliteration[49]	ʧ
Phonetische Beschreibung des Lautes	Konsonant stimmloser, nicht-aspirierter, alveo-palataler Affrikat
Aussprachehinweis	gesprochen wie ⟨tsch⟩ in dt. ⟨Tschechien⟩ [ʧɛçiən] und ⟨Matsch⟩ [maʧ] oder in engl. ⟨chin⟩ [ʧɪn] (Kinn). Der Laut ist stimmlos und unbehaucht.

च, [ʧ] wird hier als Affrikat beschrieben. Als Affrikat versteht man einen Doppellaut, der mit einem Verschlusslaut beginnt und mit einem Frikativ (Reibelaut) endet. Beim [ʧ] wird der Verschluss, der mit der Zungenspitze (*apex*) am Zahndamm erfolgt, in einen Reibelaut aufgelöst, bei dem die Engebildung am harten Gaumen (Palatum) erzeugt wird.[50]

 Hinweise zur Terminologie:

In der Literatur zum Hindi wird च, [ʧ] zuweilen nur als „stop", d. h. als Verschlusslaut, beschrieben. Siehe Shapiro (1989: 19), Koul (2008: 16) und Kachru (2009: 401). Andere sprechen von einem „affricated stop" (Masica [1991: 94]) oder einem „affricated plosiv" (Shapiro [2003: 260]).

Als „Affrikat" wird च [ʧ] bei Ohala (1983: 2), Ohala (1999: 102) und Shukla (2006: 496) klassifiziert.

Einige an der traditionellen Beschreibungsweise orientierte Autoren verzichten auf die Angabe der Artikulationsart und beziehen sich nur auf die Artikulationsstelle des Lautes च. [ʧ] wird dann einfach den „palatalen Konsonanten" oder den „Palatalen" zugeordnet, so z. B. bei Snell (2003: 21) oder bei Fornell / Liu (2010: 9).

49 Hunterian System: ch; ISO: c; Bhari: ch; Snell: c. Phonetisch (IPA): [ʧ], alternativ (IPA): auch [t͡ʃ]. Als weitere Transkriptionsvarianten, die sich in der Literatur finden, nennt Masica (1991: 94) [č] und [tš]. Darüber hinaus ist die Transkription /c/ auch in wissenschaftlicher Literatur zu finden z. B. in Masica (1991: 94, 107), Koul (2008: 16) und Shukla (2006: 496). In Indien wird der Laut im Alltag meist mit ⟨ch⟩ transkribiert, also ⟨chacha⟩ für चाचा.

50 Zu den Affrikaten allgemein siehe Cleghorn / Rugg (2011: 108); für das Deutsche siehe Altmann / Ziegenhain, (2007: 38).

Beispiele:

च /ʧa/	चाचा	/ʧa:ʧa:/	Onkel väterlicherseits
	चार	/ʧa:r/	vier
	चाय	/ʧa:j/	Tee
	चाबी	/ʧa:bi:/	Schlüssel

2.3 Ligaturen (conjuncts)

In 1.2.2 wurde ausgeführt, dass die Konsonanten-Zeichen in der Devanāgarī-Schrift immer einen inhärenten Vokal /a/ bzw. /ə/ in sich tragen. क wird also immer /ka/ oder /kə/ gelesen. Wie verfährt man in der Devanāgarī-Schrift aber, wenn zwei Konsonanten aufeinander folgen? Im Hindi gibt es eine Vielzahl von diesen Konsonanten-Cluster, d. h. es gibt viele Wörter, in denen Abfolgen von zwei oder mehr Konsonanten vorkommen.[51]

Im Prinzip gibt es zwei Möglichkeiten zu markieren, dass bei einem Konsonanten-Zeichen das inhärente /a/ bzw. /ə/ wegfällt.

a) Die Verwendung des Virām-Zeichens.[52] Dieses Zeichen ist ein kleiner Strich beim ersten Konsonanten des Konsonanten-Clusters ◌्.

Hier einige Beispiele:

क्, ग्, त्, प् usw.

Der phonetische Wert ist dann /k/, /g/, /t̪/, /p/. Das Wort /vidja:/ (*Wissen*) kann unter Verwendung eines Virām-Zeichens als विद्‌या geschrieben werden. In dem Wort folgt der Konsonat य /j/ auf den Konsonanten द /d/. Ohne das Virām-Zeichen müsste /vidəja:/ gelesen werden.

b) Die zweite weit verbreitete Praxis besteht darin, den ersten Buchstaben des Konsonanten-Clusters graphisch zu beschneiden oder andere Veränderungen an der Form der Buchstabenfolge vorzunehmen. Auf diese Weise entstehen Buchstabenverbindungen, sogenannte Ligaturen oder engl. *conjuncts*. In einigen Fällen werden für bestimmte Konsonanten-

51 Siehe z. B. Koul (2008: 20–24).

52 Statt „virām" sagt man auch „halant". Während virām aus dem Sanskrit kommt, ist „halant" ein Hindi-Wort. Zuweilen wird „halant" nicht für das diakritische Zeichen ◌् verwendet, sondern für einen Konsonanten, dessen inhärentes /ə/ durch ein Virām-Zeichen unterdrückt ist. So definiert Snell (2003: 121) „halant" wie folgt: „a consonant whose inherent vowel has been suppressed (as by addition of *virām*)".

Cluster auch neue Zeichen eingeführt, die keine Ähnlichkeiten mit den beiden Konsonanten haben. Diese Zeichen müssen dann wie neue Buchstaben zusätzlich gelernt werden. Die meisten Ligaturen lassen sich aber leicht erkennen.

In gedruckten Texten sind die Ligaturen sehr gebräuchlich. Da in vielen Computer-Programmen aber nicht alle Ligaturen dargestellt werden können, verbreitet sich neuerdings die Schreibweise mit dem virām-Zeichen.[53]

Für Buchstaben, die rechts einen Abstrich haben wie स, प, ब, न, म, ग, त, च, ल, य wird bei der Ligaturbildung einfach der Abstrich weggelassen und der linke Teil des Buchstabens an den zweiten Konsonanten angefügt.

Beispiele:

त् + य → त्य	त्याग	/tjaːg/	Opfer
त् + म → त्म	आत्मा	/aːtmaː/	Seele, Geist
न् + त → न्त	तुरन्त	/turant/	sofort
न् + न → न्न	उन्नीस	/unniːs/	neunzehn
न् + स → न्स	पेन्सिल	/pensil/	Bleistift
म् + ह → म्ह	तुम्हारा	/tumhaːraː/	dein
म् + म → म्म	चम्मच	/ʧammaʧ/	Löffel
प् + प → प्प	चप्पल	/ʧappal/	Sandale
प् + य → प्य	प्यार	/pjaːr/	Liebe
स् + क → स्क	स्कूल	/skuːl/	Schule
स् + त → स्त	सस्ता	/sastaː/	billig

Bei क fällt in Ligaturen der rechte Teil des Buchstabens weg.

क् + य → क्य	क्या	/kjaː/	Fragewort
क् + ल → क्ल	क्लब	/klab/	Club
क् + स → क्स	अक्सर	/aksar/	oft, häufig

Andere Ligaturen mit Buchstaben, die keinen Abstrich haben und Ligaturen mit र werden im nächsten Kapitel 3.3 behandelt.

53 So kann der häufig verwendete Font „Mangal" die Schreibung der Ligatur द + य → द्य nicht realisieren. Statt der Schreibweise mit Ligatur उद्यान (= Garten) kann mit „Mangal" nur die Schreibung mit Virām उद्‌यान darstellt werden.

Was wir lernen:

- 2 weitere Vokale ओ, ो und औ, ौ
- 4 weitere Konsonanten: ज, व, द, श
- das erste Nukta-Zeichen ज़
- die Nasalierungszeichen Chandrabindu ँ und Anusvār ं

3.1 Vokale

3.1.1 ओ ो, /o:/

Devanāgarī-Symbol unabhängige Position	ओ
Devanāgarī-Symbol abhängige Position	ो
Phonetische Transkription	[oː]
Transliteration[54]	oː
Phonetische Beschreibung des Lautes	Vokal Position: hinten Höhe der Zunge: halbhoch = halbgeschlossener Vokal Rundung der Lippen: gerundet Dauer: lang
Aussprachehinweis	gesprochen wie das ⟨o⟩ in dt. ⟨Hose⟩ [hoːzə]

3.1.1.1 ओ steht in unabhängiger Position für /o:/

ओ /o:/	ओ	/o:/	oh!
	लाओ	/la:o:/	bringe! (Imperativ)
	ओर	/o:r/	Seite
	ओट	/o:ṭ/	Schutz, Bedeckung

54 Hunterian System: o; ISO: ō; Bahri: o; Snell: o. Phonetisch (IPA): [oː].

3.1.1.2 ो steht in abhängiger Position für /o:/

ो	zusammen mit /b/ ब	बो	बोलना	/bo:lna:/	sprechen
	zusammen mit /k/ क	को	कोरा	/ko:ra:/	ungebraucht
	zusammen mit /p/ प	पो	पोतना	/po:tana:/	beschmieren
	zusammen mit /g/ ग	गो	गोरा	/go:ra:/	hellhäutig
	zusammen mit /m/ म	मो	मोहन	/mo:han/	Mohan (Eigenname)

3.1.2 औ ौ, /ɔ:/

Devanāgarī-Symbol unabhängige Position	औ
Devanāgarī-Symbol abhängige Position	ौ
Phonetische Transkription	[ɔ:]
Transliteration	ɔ:
Phonetische Beschreibung des Lautes	Vokal Position: hinten Höhe der Zunge: halb tief = halboffener Vokal Rundung der Lippen: gerundet Dauer: lang
Aussprachehinweis	wird ähnlich gesprochen wie das ⟨o⟩ in dt. ⟨Donner⟩ [dɔnɐ] nur ist der Vokal länger, also [ɔ:] statt [ɔ]. Der Laut entspricht am ehesten ⟨ou⟩ in engl. ⟨sought⟩ [sɔ:t].[55] Für औ, ौ gibt es unterschiedliche Ausspracheweisen innerhalb Indiens. Als Standard gilt die Aussprache im Westen Indiens [ɔ:].[56] Im Osten wird der Diphthong [aʊ] gesprochen, wie ⟨ou⟩ in engl. ⟨house⟩ [haʊs].[57]

55 Hunterian System: au; ISO: au; Bahri: āū; Snell: au. Phonetisch (IPA): [ɔ:].

56 Shapiro (1989: 9) schreibt: „In many Western Hindi dialects the sound has a pronunciation about halfway between that of ā and o, retaining the lip rounding of the latter. This sound can be heard in many East Coast dialects of American English in such words as *caught, taught, bought,* etc. but without the slight 'uh'-like element that can be heard at the end of the vowel in these words."

57 Im östlichen Hindi klingt औ, ौ nach Shapiro (1989: 9) „like a rapid sequence of an *a* or *ā* and an *i*-like sound".

3.1.2.1 औ steht in unabhängiger Position für /ɔ:/

औ	और	/ɔ:r/	und
	औरत	/ɔ:rat/	Frau
	औसत	/ɔ:sat/	durchschnittlich

3.1.2.2 ◌ौ steht in abhängiger Position für /ɔ:/

◌ौ	zusammen mit /k/ क	कौ	कौन	/kɔ:n/	wer?
	zusammen mit /p/ प	पौ	पौने	/pɔ:ne/	viertel vor (bei Zeitangaben)
	zusammen mit /g/ ग	गौ	गौ	/nɔ:/	neun
	zusammen mit /s/ स	सौ	सौ	/sɔ:/	hundert

3.2 Konsonanten ज, ज़, व, द, श

3.2.1 ज, /ʤa/

Devanāgarī-Symbol	ज
Phonetische Transkription IPA	[dʒ], [ʤ] oder [d͡ʒ]
Transliteration[58]	ʤ
Phonetische Beschreibung des Lautes	Konsonant stimmhafter, unaspirierter, alveo-palataler Affrikat
Aussprachehinweis	Der Laut entspricht, bei korrekter Aussprache, dem ⟨g⟩ in dt. ⟨Gin⟩ [ʤɪn]. Im Englischen kommt er etwa in den Wörtern ⟨jungle⟩ [ʤʌŋgəl] (Dschungel) oder ⟨judge⟩ [ʤʌʤ] (Richter) vor. Dieser Laut ist die stimmhafte Entsprechung des च /ʧ/.[59] Im Deutschen kommt der Laut nur in Fremdwörtern vor.

58 Hunterian System: j; ISO: j; Bahri: j; Snell: j. Phonetisch (IPA): [dʒ], [ʤ] oder [d͡ʒ].
59 Zur Beschreibung der Artikulation von Affrikaten siehe 2.2.6.

Beispiele:

ज /ʤa/	जेब	/ʤeb/	Tasche (*pocket*)
	जी	/ʤi:/	a) Respekt-Marker (z. B. Guruji), b) ja
	जूता	/ʤu:ta:/	Schuh
	जाना	ʤa:na:/	gehen
	आज	/a:ʤ/	heute

Die Behandlung und Einordnung des ज [ʤ] in der Literatur entspricht (natürlich mit Ausnahme der Stimmhaftigkeit) weitgehend der Klassifizierung des च, [ʧ]. (Siehe dort unter 2.2.6). Lediglich bei Koul (2008: 16 f.) gibt es einen Unterschied. Während er च, [ʧ] zu den „stops" (Verschlusslauten) rechnet, ordnet er ज [ʤ] den Affrikaten zu.

3.2.2 व, /va/

Devanāgarī-Symbol	व
Phonetische Transkription IPA	[v] [ʋ] [ß] [w] in bestimmten Umgebungen
Transliteration[60]	v
Phonetische Beschreibung der Laute	1) [v] stimmhafter, labio-dentaler Frikativ 2) [ʋ] stimmhafter, labio-dentaler Approximant 3) [ß] stimmhafter, bilabialer Frikativ 4) [w] stimmhafter, labio-velarer Approximant
Aussprachehinweis	1) [v]: ungefähr wie ⟨w⟩ in dt. ⟨Wald⟩ [valt] oder ⟨Winkel⟩ [vɪŋkəl]. – Im Hindi z. B. व्रत [vrət] (Fasten). 2) [ʋ]: die Unterlippe macht (im Gegensatz zum [v]) keinen vollen Kontakt mit den oberen Schneidezähnen. Sie bewegt sich nur in diese Richtung. Deshalb gibt auch es keine hörbare Reibung. Die Lippen sind ungerundet. – Im Hindi वरुण [ʋərʊɳ] (Varuna).[61]

60 Hunterian System: ᴠ, ʋ, w; ISO: v; Bahri: v; Snell: v. Phonetisch (IPA): [v], [ʋ] oder je nach Umgebung [w].

61 Diese Transkriptior von वरुण findet sich unter „labiodentaler approximant" in der Wikipedia (Englisch).

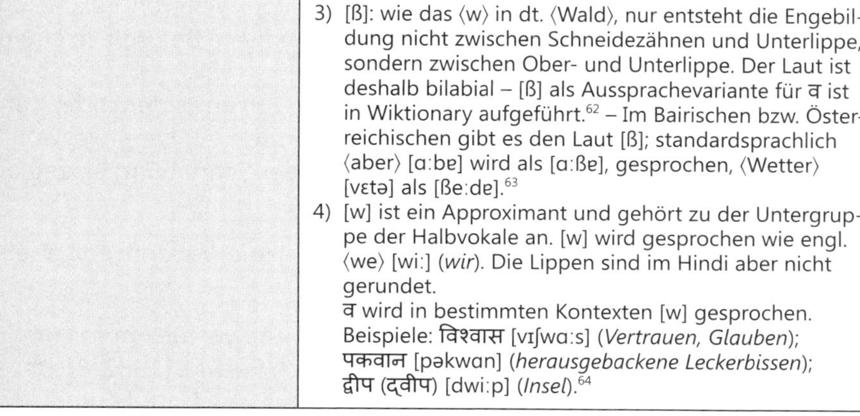

3) [β]: wie das ⟨w⟩ in dt. ⟨Wald⟩, nur entsteht die Engebildung nicht zwischen Schneidezähnen und Unterlippe, sondern zwischen Ober- und Unterlippe. Der Laut ist deshalb bilabial – [β] als Aussprachevariante für व ist in Wiktionary aufgeführt.[62] – Im Bairischen bzw. Österreichischen gibt es den Laut [β]; standardsprachlich ⟨aber⟩ [ɑːbɐ] wird als [ɑːβɐ], gesprochen, ⟨Wetter⟩ [vɛtə] als [βeːdɐ].[63]
4) [w] ist ein Approximant und gehört zu der Untergruppe der Halbvokale an. [w] wird gesprochen wie engl. ⟨we⟩ [wiː] (*wir*). Die Lippen sind im Hindi aber nicht gerundet.
व wird in bestimmten Kontexten [w] gesprochen.
Beispiele: विश्वास [vɪʃwɑːs] (*Vertrauen, Glauben*); पकवान [pəkwɑn] (*herausgebackene Leckerbissen*); द्वीप (द्‌वीप) [dwiːp] (*Insel*).[64]

Die Vielfalt der Variationen der Aussprache von व fasst Shapiro (1983: 17 f.) wie folgt zusammen: "The last Hindi semi-vowel (*v*) can range in pronunciation from the [v] sound in *victory* to the [w] in *water*. It is occasionally also pronounced by bringing the lips together, as in the formation of *b* but without enough tension in them to block completely the flow of air. This pronunciation sounds somewhat between that of [b] and a [w]. There is no significant difference in Hindi between a [w] and a [v], and no harm is brought about by the substitution of one of these sounds for the other."

 Phonetische Hinweise:

In der sprachwissenschaftlichen Literatur besteht weitgehend Einigkeit darüber, dass die verschiedenen Ausspracheartén von व keine Wörter unterscheiden. Sie stellen lediglich von der Lautumgebung abhängige Varianten dar oder können von den Sprechern frei gewählt werden. In der Terminologie der Sprachwissenschaft sagt man, dass [v], [ʋ], [β] und [w] Allophone des Phonems /व/ sind. Für [ʋ], [v] und [w] wird diese Auffassung z. B. von Ohala (1999: 102) vertreten. Sie schreibt „[ʋ] is in free variation with [v] and can also be pronounced as [w])." Shapiro (2003: 261) spricht von einer „Neutralisierung" von *v*, das als stimmhafter labio-dentaler Frikativ, stimmhafter bilabialer Frikativ, stimmhafter bilabialer Approximant und als [b] ausgesprochen werden kann. Das Problem der Beschreibung der Verteilung der Allophone von /व/ kann hier nicht weiter

62 „Appendix: Hindi pronunciation". https://en.wiktionary.org/wiki/Appendix:Hindi_pronunciation
63 Vgl. Moosmüller (2007: 6), Altmann / Ziegenhain (2007: 37).
64 Siehe Pierrehumbert / Nair (1996: Kap. 3).

vertieft werden.[65] Es sollen vielmehr eine Reihe von weiteren Beispielen für die Aussprache von व vorgestellt werden, ohne diese Befunde in einen theoretischen Rahmen einzubetten.

Statt des Frikativs [v] kann nach Pořízka (1963: 30) auch der stimmhafte, labio-dentale Approximant [ʋ] gesprochen werden. [v] kann weiterhin durch [b] ersetzt werden, was sich dann auch in der Schreibung einzelner Wörter niederschlägt:

वसन्त – बसन्त (*Frühling*). Bahri (1989) bezeichnet die Variante mit ब als ‚umgangssprachlich'.

Der stimmhafte, labio-dentale Approximant [ʋ] wird, wie für Approximanten typisch, ohne hörbare Reibung artikuliert. Nach Pořízka (1963: 30) tendiert die Aussprache von [ʋ] zu [u] und English [w]. Auch [ʋ] kann durch [b] ersetzt werden: नव्वे – नब्बे (*neunzig*). Bahri (1989) bewertet auch hier die Schreibung bzw. Aussprache mit व [ʋ] als „besser" gegenüber der Realisierung mit ब [b]. Weitere Beispiele für die Parallelität von Wörtern mit व und ब ist सवेरा – सबेरा (*Tagesanbruch*) und बीवी – बीबी (*Frau, Ehefrau*).

Am Ende des Wortes wird व wie ein [o] oder [u] gesprochen, insbesondere nach [ɑː], [iː], [ɑ̃ː] und [ĩː].[66]

नाव [nɑːo][67] (*Boot*)
नीव [niːo] (*Fundament*)
नींव [nĩːo] (*Fundament*)

Für गाँव (*Dorf*) bzw. पाँव (*Fuß*) gibt Pořízka (1963: 47) die folgenden Aussprachevarianten an:

गाँव [gɑːõ] [gɑ̃ːo] [gɑ̃ːõ]
पाँव [pɑːõ] [pɑ̃ːo] [pɑ̃ːõ].

Der verbreitete Namen राव wird ebenfalls [rɑːo] gesprochen und im Alltag als ⟨Rao⟩ transliteriert.[68]

65 Eine detaillierte Analyse der Bedingungen unter denen /व/ als [w] realisiert wird, geben Pierrehumbert/Nair (1996).
66 Vgl. Pořízka (1963: 47).
67 Pořízka (1963) verwendet als Zeichen der Länge der Vokale den Strich über dem Vokal also ī, ā und ū.
68 Vgl. Snell (2003: 27). Wenn man sich allerding die Aussprache für „Rao Inderjit Singh" anhört (https://www.youtube.com/watch?v=dXs0BuO0h2g), kann man auch [rɑːu] wahrnehmen. Für den Namen der Schauspielerin Amrita Rao findet sich im Internet auch die Transkription [əmrɪt̪aː raːu].

Beispiele:

व /va/	वाक्य	/va:kja/	Satz (*sentence*)
	वापस	/va:pas/	zurück
	रविवार	/raviva:r/	Sonntag
	जवाब	/dʒava:b/	Antwort
	जीवन	/dʒi:van/	Leben

3.2.3 द, /da/

Devanāgarī-Symbol	द
Phonetische Transkription IPA	[d̪]
Transliteration[69]	d
Phonetische Beschreibung des Lautes	Konsonant dentaler, stimmhafter, unbehauchter Verschlusslaut (Plosiv, Stop).
Ausssprachehinweis	द wird ungefähr gesprochen wie das ⟨d⟩ in dt. ⟨Dienst⟩ [di:nst]. Der Laut ist jedoch wie das [t̪] त dental, d. h. die Zungenspitze liegt an der Rückseite der oberen Schneidezähne. Der deutsche d-Laut ist alveolar, d. h. die Zungenspitze berührt den Zahndamm. Im Hindi ist dieser d-Laut weniger behaucht als im Deutschen. Er ist deutlich stimmhafter zu artikulieren.

Beispiele:

द /da/	दस	/das/	zehn
	दाम	/da:m/	Preis
	दाल	/da:l/	Linsen
	दुकान	/duka:n/	Laden
	दुकानदार	/duka:nda:r/	Ladenbesitzer
	दादा	/da:da:/	Großvater (väterlicherseits)
	दिन	/dɪn/	Tag

69 Hunterian System: d; ISO: d; Bahri: d; Snell: d. Phonetisch (IPA): [d̪].

3.2.4 श, /ʃa/

Devanāgarī-Symbol	श
Phonetische Transkription IPA	[ʃ]
Transliteration[70]	ʃ
Phonetische Beschreibung des Lautes	Konsonant stimmloser, palataler Frikativ (Reibelaut)[71]
Aussprachehinweis	wird ähnlich gesprochen wie ⟨sch⟩ in dt. ⟨Schule⟩ [ʃuːlə], jedoch sind die Lippen weniger gerundet. Im Hindi wird der Laut auch etwas weiter zum harten Gaumen (Palatum) hin artikuliert.

Beispiele:

श /ʃa/	शाबाश	/ʃa:ba:ʃ/	bravo!
	शाम	/ʃa:m/	Abend
	शायद	/ʃa:jad/	vielleicht
	शहर	/ʃahar/	Stadt
	आशा	/a:ʃa:/	Hoffnung
	ऐश	/æʃ/	Luxus

3.2.5 ज़ /za/ (Nukta-Zeichen 1)

Devanāgarī-Symbol[72]	ज़
Phonetische Transkription IPA	/z/
Transliteration[73]	z

70 Hunterian System: sh; ISO: ś; Bahri: sh; Snell: ś. Phonetisch (IPA): [ʃ].

71 Zur Klassifikation von श als „Sibilant" siehe 2.2.2 स. – Ohala (1999: 101) beschreibt den Laut als „post-alveolar". Shapiro (2003: 260) entscheidet sich für „palatal". Fornell / Liu (2010: 12) schreiben, dass der Laut „betont palatal" auszusprechen sei.

72 Graphisch entspricht der Buchstabe dem unter 3.3.1 behandelten ज; es wird jedoch ein Punkt unter den Buchstaben gesetzt.

73 Hunterian System: z; ISO: z; Bahri: z; Snell: z. Phonetisch (IPA): [z].

Phonetische Beschreibung des Lautes	Konsonant stimmhafter, alveolarer Frikativ (Reibelaut)
Aussprachehinweis	wird gesprochen wie ⟨s⟩ in dt. ⟨Hose⟩ [hoːzə].[74]

Das ज़ gehört zu den Nukta-Zeichen. Nukta (नुक़्ता) heißt auf Arabisch „Punkt". Nukta-Zeichen nennt man all die Grapheme, bei denen zu einem Buchstaben aus dem Devanāgarī-Alphabet ein Punkt hinzugesetzt wird, um damit einen anderen Laut zu symbolisieren, als den, den der Buchstabe ohne Punkt repräsentiert. Wir werden diese Zeichen im Laufe der Darstellung alle behandeln. In diesem Kapitel lernen wir den ersten Vertreter dieser Gruppe, das ज़, kennen.

Die Devanāgarī-Schrift wurde für das Schreiben des Sanskrit entwickelt. Für das Hindi mussten aufgrund innerer lautgeschichtlicher Entwicklungen und durch die Übernahme von Wörtern aus dem Persischen und Arabischen aber Laute repräsentiert werden, für die es im klassischen Devanāgarī-Repertoire keine Entsprechung gab. Man hat deshalb die Schrift erweitert, indem man einzelne Buchstaben mit Punkten versehen hat. Manche der entsprechenden Laute, wie z. B. das hier behandelte /z/, haben ihren Platz im Sprachsystem des Hindi, andere gehören nur am Rande dazu (Peripheriesystem) und die Sprecher sind sich bewusst, dass es sich bei diesem Laut um ein Element aus einer fremden Sprache handelt. Welche Laute nun im engeren Sinne zum Lautbestand des Hindi zählen, und welche nur „Gaststatus" besitzen, darüber sind sich die Sprecher des Hindi und auch die Wissenschaftler uneinig. Man muss bei den Nukat-Zeichen immer damit rechnen, dass Schreiber sie einfach durch die nicht mit einem Punkt versehene Form ersetzen. Es gibt also Varianten des Hindi, in denen रोज statt रोज़ geschrieben und [roːʤ] statt [roːz] gesprochen wird.

Der Unterschied zwischen [s] ↔ [z] ist im Sprachsystem des Hindi verankert. Das zeigen die folgenden Wörter, die sich hinsichtlich dieser Opposition unterscheiden.[75]

74 Im Deutschen gibt es den Unterschied zwischen stimmlosen /s/ und stimmhaften /z/. Die Laute werden benutzt um Wörter zu unterscheiden wie in ⟨reißen⟩ [ʀaɪ̯sən] und ⟨reisen⟩ [ʀaɪ̯zən]. Von süddeutschen Sprechern wird dieser Unterschied allerdings nicht gemacht.

75 Nach Fornell / Liu (2010: 25).

ज़ /za/		स /sa/	
ज़र /zar/	Reichtum, Gold	सर /sar/	Kopf, Sir
ज़िला /zila:/	Bezirk, Distrikt	सिली /sila:/	genäht
प्याज़ /pja:z/	Zwiebel	प्यास /pja:s/	Durst
बाज़ी /ba:zi:/	Wette	बासी /ba:si:/	abgestanden, alt (Lebensmittel)
राज़ /ra:z/	Geheimnis	रास /ra:s/	Zaum, Zügel, Reigentanz

Phonologische und soziolinguistische Hinweise:

Für Ohala (1983: 4) gehört das [z] zu den Phonemen des Hindi, weil die meisten Sprecherinnen und Sprecher des Hindi diesen Laut verwenden. Sie rechnet das [z] trotzdem nicht zum gemeinsamen Kernbestand („common core") des Hindi, sondern spricht ihm den Status eines entlehnten Lautes ('loan' segment) zu, da allen Sprachteilnehmern bewusst sei, dass es Sprecher von nicht-hochsprachlichen Varietäten des Hindi gibt, die [ʤ] statt [z] verwenden. Solche Sprechweisen charakterisiert Ohala (1983: 4) als ‚ungebildeten' oder ‚weniger eleganten Stil'.

Beispiele:

ज़ /za/	मेज़	/mez/	Tisch
	रोज़	/ro:z/	täglich
	नाराज़	/na:ra:z/	ärgerlich
	मज़बूत	/mazbu:t/	stark
	तरबूज़	/tarbu:z/	Wassermelone
	ताज़ा	/ta:za:/	frisch
	प्याज़	/pja:z/	Zwiebel

3.3 Chandrabindu ँ und Anusvār ं

3.3.1 ँ Chandrabindu

Der Name des Zeichens ँ ist Chandrabindu (Mondpunkt). Manchmal wird es auch Anunāsik[76] genannt. In dieser Form dient es dazu, anzuzeigen, dass ein Vokal nasaliert ist. Hier ein erstes Beispiel:

ह + ा + ँ = हाँ (*ja*)

Das ा, steht für das lange /a:/. Mit dem Chandrabindu ँ steht es für das lange nasalierte /ã:/.

Weitere Beispiele:

उ + ँ = उँ

उ ist das kurze /u/. Zusammen mit dem Chandrabindu ँ steht es für das kurze nasalierte /ũ/ z. B. in उँगली /ũgli:/ (*Finger*).

Bei abhängigen Vokalen wird der Chandrabindu über den entsprechenden Konsonanten geschrieben

मु + ँ = मुँ z. B. in मुँह /mũɦ/ (*Mund*).

Hier eine Tabelle mit weiteren Beispielen:

ा + ँ	पाँच	/pã:ʧ/	fünf
अ + ँ = अँ	अँधेरा	/ãdhera:/	Dunkelheit
ए + ँ = एँ	महिलाएँ	/maɦila:ẽ/	(zwei) Damen Pl.
उ + ँ = उँ	उँगली	/ũgli:/	Finger
मु + ँ = मुँ	मुँह	/mũɦ/	Mund
ऊ + ँ = ऊँ	ऊँचा	/ũ:ʧa:/	hoch

Soweit sieht die Sache ganz einfach aus:

Vokalzeichen für den Vokal x + ँ steht für die nasalisiert Form des Vokals x.

76 Dieser Begriff bezieht sich mehr auf die phonetische Funktion des Zeichens, d. h. auf die Nasalierung des Vokals als auf das Zeichen selbst. Dieser Unterschied wird aber nicht immer beachtet. „Chandrabindu" bezeichnet eindeutig die graphische Form auf der Ebene der Schrift und wird deshalb hier bevorzugt.

Dieses Verfahren gilt aber nur für Vokale, die nicht über die obere Linie der Schrift (Shirorekhā शिरोरेखा) hinausgehen.

Vokalzeichen, die über die Oberlinie hinausragen sind z. B. das ी oder das ो.

Bei solchen Buchstaben wird sozusagen der Platz knapp für den aufwendigen Mondpunkt.

Es wird also **nicht**

* नहीँ

geschrieben, sondern der Chandrabindu schrumpft zu einem einfachen Punkt zusammen:

नहीं /nahī̃:/ (*nein, nicht*)

क्यों /kjõ/ (*warum*)

में /mẽ/ (*in*).

Ein solcher Punkt über der Oberlinie ं heißt traditionell Anusvār.

3.3.2 ं Anusvār

Das Zeichen Anusvār ं hat aber noch eine andere Funktion als die oben beschriebene. Es spielt eine wichtige Rolle bei der Darstellung von Konsonantenverbindungen der Abfolge:

nasaler Konsonant + Verschlusslaut

Beispiele dafür wären

न् + द

म् + ब

Wie wir in 2.3 gesehen haben, werden zur Darstellung solcher Konsonantenkombinationen Ligaturen verwendet.

न् + द	सुन्दर	(*schön*)
	हिन्दी	(*Hindi*)
म् + ब	मुम्बई	(*Mumbai / Bombay*)

Statt diese Ligaturen zu verwenden, kann man nun auch den Anusvār schreiben, um den nasalen Konsonanten zu repräsentieren:

सुन्दर = सुंदर

हिन्दी = हिंदी

मुम्बई = मुंबई

Diese Schreibweise darf aber nur verwendet werden, wenn der nasale Konsonant und der Verschlusslaut an der gleichen Stelle im Mund gebildet werden. Wir werden später in Kapitel 6.2 auf die Einzelheiten zurückkommen müssen. Hier soll es genügen, einige weitere Beispiele aufzuführen.

Mit Ligatur	Mit Anusvār	
मन्द	मंद	langsam
कन्धा	कंधा	Schulter
कम्बल	कंबल	Decke (*blanket*)
सम्पत्ति	संपत्ति	Besitz

Für das Verhältnis von Chandrabindu ँ und Anusvār ं ist eine weitere Tatsache zu beachten, die für den Anfänger zu Irritationen führen kann. Es gibt nämlich viele Texte, die ganz auf den Chandrabindu verzichten und dieses Zeichen immer durch den Anusvār ersetzen.

Statt हाँ wird also हां geschrieben.

Weitere Beispiele:

mit Candrabindu	mit Anusvār	
उँगली	उंगली	Finger
पाँच	पांच	fünf
बूँद	बूंद	Tropfen

Manche Texte verfahren auch uneinheitlich, manchmal steht Chandrabindu, ein andermal Anusvār.

3.3.3 Nasalierte Vokale im Hindi

An dieser Stelle sollen kurz einige Bemerkungen zur Nasalierung im Hindi eingeschaltet werden. Sie betreffen die Schrift zwar nicht direkt, sind aber für das Verständnis des Lautsystems des Hindi unerlässlich.

Das Vorhandensein oder Nichtvorhandensein der Nasalierung bei Vokalen wird dazu benutzt, um Wörter zu unterscheiden, d.h. es gibt Wortpaare, die sich nur darin unterscheiden, dass bei dem einen Wort der Vokal nasaliert ist, bei dem anderen aber nicht. Die häufigsten Beispiele für solche sog. „Minimalpaare" sind:

nicht nasaliert		nasaliert	
है	er, sie, es ist	हैं	sie /Sie / sind
थी	sie (fem. sing.) war	थीं	sie (fem. pl.) waren
की	sie (fem. sing.) machte	कीं	sie (fem. pl.) machten
कहा	er sagte	कहाँ	wo?
कही	sie (fem. sing.) sagte	कहीं	überall, irgendwo
बास	(schlechter) Geruch	बाँस	Bambus
पूछ	Forderung	पूँछ / पूंछ	Schwanz (eines Tieres)

3.3.3.1 Sprachwissenschaftliche Analyse der Nasalvokale bzw. der nasalierten Vokale im Hindi

Die Erklärung und Beschreibung der Nasalvokale sind umstritten. (Vgl. Ohala [1983: 77–116] zusammenfassend Masica [1991: 117 f.])

a) Es gibt die Auffassung, dass die Nasalvokale als eigenständige Laute (Phoneme) zu werten sind, d.h. nach dieser Beschreibung hat das Hindi nicht 11 Vokale, sondern 22. Es gibt also immer einen oralen und einen entsprechenden nasalen Vokal. Ein solches Ergebnis erhält man bei der Anwendung der traditionellen Verfahren der segmentalen Phonologie. Eine Beschreibung mit selbstständigen Nasalvokalen wird z.B. von Montaut (2004) vorgeschlagen.

Tabelle der Vokale im Hindi mit Nasalvokalen nach Montaut (2004: 21)[77]

	vorne oral	vorne nasal	zentral oral	zentral nasal	hinten oral	hinten nasal
hoch	i i:	ĩ ĩ:			u u:	ũ ũ:
	ɪ i	ɪ̃ ĩ:			ʊ u	ʊ̃ ũ
mittel	e	ẽ			o	õ
	ɛ / ai	ɛ̃ / aĩ			ɔ / au	ɔ̃ / aũ
tief			ə / a	ə̃ / ã		
	(ʌ)		a / a:	ã / ã:		

b) Zweitens gibt es die Auffassung, dass alle Vorkommen von nasalierten Vokalen aus anderen phonetischen Faktoren abgeleitet werden können. Danach gehören nur die 11 (oralen) Vokale zum System der Vokalphoneme. Die nasalierten Varianten lassen sich nach dieser Auffassung immer aus der phonetischen und morphologischen Umgebung der Vokale herleiten. Es gibt also keine Nasalvokale (wie im Französischen) sondern nur Nasalisierungsprozesse. Diese Auffassung wird nach Ohala (1983: 79) von Narang / Becker (1971) vertreten.

c) Weiterhin gibt es Analysen, die zu dem Ergebnis kommen, dass es zwar genuine Nasalvokale in Hindi gibt, dass nasalisierte Vokale aber auch durch phonetische und morphophonemische Prozesse entstehen. Nach Ohala (1983) sind die langen Nasale phonemisch, d. h. es handelt sich um „echte" Nasalvokale. Phonemisch wären demnach: ĩ:, ẽ:, ũ:, ɛ̃:, õ:, ɔ̃: und ɑ̃:. Die kurzen Vokale wie z. B. ɪ̃, ə̃ und ʊ̃ sind dagegen durch Nasalisierung zu erklären.

Es muss darauf hingewiesen werden, dass die Frage, nach der Bestimmung der Nasalvokale bzw. der nasalisierten Vokale nicht unabhängig von der verwendeten phonlogischen Theorie geleistet werden kann. Je nachdem für welche phonlogische Theorie man sich entscheidet, wird man zu unterschiedlichen Ergebnissen kommen. Auf diese Einzelheiten kann hier nicht eingegangen werden.

77 Veränderungen gegenüber Montaut (2004): Übersetzung aus dem Englischen und Verwendung des Doppelpunkts als Längezeichen. Montaut „ī", hier „i:"

3.3.4 Transliteration von Chandrabindu ँ und Anusvār ं

Ausnahmsweise soll hier die Darstellung der Transliteration von Zeichen der Devanāgarī-Schrift im Haupttext behandelt und nicht wie sonst in den Fußnoten dargestellt werden. Die unterschiedlichen Arten der Transliteration können leicht zu einer Verwirrung führen.

Zuweilen wird zur Transliteration des Hindi das „International Alphabet of Sanskrit Transliteration" (IAST) verwendet. Für den Anusvār ं wird in IAST ein mit einem Punkt versehenes ⟨m⟩ ṃ dem Vokal nachgestellt, der als nasalisiert markiert werden soll.[78]

थीं → tīṃ

नहीं → nahīṃ

में → mēṃ

Wie der Name schon sagt, ist das IAST-System aber auf die Darstellung des Sanskrit spezialisiert.

Das Transkriptionssystem ISO 15919 zielt im Gegensatz dazu darauf ab, möglichst viele indische Schriftsysteme abbilden zu können. Neben Devanāgarī sollen auch Schriften wie Bengali, Gurmukhi, Gujarati, Tamil usw. damit transliteriert werden können. Wegen der Besonderheit der Gurmukhi-Schrift, die zur Markierung der Nasalierung des vorausgehenden Vokals neben ं auch das zusätzlich das Zeichen ੰ (genannt Tippi) hat, musste deshalb die Konventionen bei ISO 15919 gegenüber IAST verändert werden.[79] Das Tippi wird nach ISO mit ṃ, also mit Punkt unter dem ⟨m⟩ transliteriert. Für den Anusvār ं haben wir bei ISO ein ⟨m⟩ mit einem darüber gestellten Punkt ṁ. Nach ISO sehen die obigen Beispiele also wie folgt aus:[80]

थीं → tīṁ

नहीं → nahīṁ

में → mēṁ

78 Der Chandrabindu wird mit einem m̐ wiedergegeben.
79 Siehe Wikipedia books zu Punjabi: https://en.wikibooks.org/wiki/Punjabi/Gurmukhi/Diacritics.
80 In dieser Weise wird z. B. in Kumar (1994), Kumar (2008), und im Online-Wörterbuch „Shabdkosh" transliteriert. – „Shabdkosh" http://www.shabdkosh.com/.

Dies gilt aber nur für den Anusvār. Für den Chandrabindu hat ISO m̐. Diese Transliteration benützt z.B. das Online-Wörterbuch „Shabdkosh“[81].

बूँद → būm̐da

ऊँचा → um̐cā

अँधेरा → am̐dhērā

Daneben ist aber auch die Transliteration von ँ durch eine Tilde ̃ im ISO-System möglich, d.h. statt dem etwas sperrigen „am̐“ wird für das nasalierte /a/ dann „ã“ geschrieben.[82]

Es bleiben noch die Transliterationskonventionen aufzuführen, die sonst in den Fußnoten dargestellt wurden:

Das Hunterian-System ist hinsichtlich der Transliteration von ँ und ं nicht sehr ausdifferenziert. Es wird einfach ein ⟨n⟩ hinter den entsprechenden Vokal gesetzt. Auf diese Weise wird मैं dann als „main“ und में als „men“ transliteriert.

Bahri verwendet eine Transliteration mit Tilde z.B. ईंधन = ī̃dhan, हँसना = hãsnā; analog: ũ, õ, ẽ, ā̃, ū̃, āū̃, āī̃ für nasalierte Vokale. Ähnlich transliteriert auch Snell: ĩ, ã, ũ, õ, ẽ, ā̃, ū̃, aĩ. Die phonetische Transkription der IPA versieht das entsprechende Vokalzeichen mit einer Tilde ̃.

Bei Verwendung des Anusvar statt einer Ligatur wird bei Bahri und Snell das Transkriptionszeichen für den entsprechenden Nasal (also z.B. n, ṅ, ñ etc.) geschrieben: सुंदर sundar, पंखा paṅkhā, कंजूस kañjūs.

81 http://www.shabdkosh.com/

82 Siehe den offiziellen Text ISO 15919 (2001: 16): "When candrabindu or anusvara represents vowel nasalization in a modern language, it shall be transliterated as a tilde above the transliterated vowel. In the case of the digraphs ai, au, the tilde shall be attached to the second vowel."

Was wir lernen:

- die behauchten Konsonanten ख, घ, थ, ध, फ, भ, छ, झ
- Konsonantenverbindungen mit र
- ऋ

4.1 Behauchte Konsonanten

Für die folgenden bisher behandelten Konsonanten gibt es behauchte Entsprechungen:

क, ग, त, द, प, ब, च, ज.

Im Deutschen existieren auch behauchte Konsonanten z. B. in ⟨Tee⟩ [tʰeː].

Im Gegensatz zum Hindi gibt es aber keine zwei Laute, die sich nur hinsichtlich der Behauchung unterscheiden und dazu verwendet werden, Wörter zu unterscheiden. Das ist im Hindi aber der Fall.

Behauchte und unbehauchte Laute im Hindi:

unbehaucht	क	ग	च	ज	त	द	प	ब
unbehaucht	/ka/	/ga/	/ʧa/	/ʤa/	/ta/	/da/	/pa/	/ba/
behaucht	ख	घ	छ	झ	थ	ध	फ	भ
behaucht	/kha/	/gha/	/ʧha/	/ʤha/	/tha/	/dha/	/pha/	/bha/

Beispiele für Wörter, die sich durch den Unterschied *behaucht* vs. *unbehaucht* unterscheiden:

काल /kaːl/ Zeit(raum)	खाल /khaːl/ Haut
गिन /gin/ Verbstamm von गिनना = zählen[83]	घिन /ghin/ Abscheu
चल /ʧal/ beweglich, unstabil	छल /ʧhal/ Betrug
जल /ʤal/ Wasser	झल /ʤhal/ Schärfe des Geschmacks, Hitze
तान /taːn/ Melodie	थान /thaːn/ Stück (z. B. von einem Stoff)
दान /daːn/ Zuwendung, Gabe	धान /dhaːn/ Reisfeld
पल /pal/ Moment	फल /phal/ Frucht
बाल /baːl/ 1) Haar 2) Kind	भाल /bhaːl/ Vorderseite, Stirn

83 Verwendet in Konstruktionen wie मैं दस तक गिन सकता हूँ = Ich kann bis zehn zählen.

 Phonetischer Hinweis:

Phonetisch unterscheidet sich die sog. Behauchung bei den stimmlosen Verschlusslauten /ph/, /th/, /kh/ von den entsprechenden stimmhaften Verschlusslauten /bh/, /dh/, /gh/. Die phonetische Transkription ist [p^h], [t̪^{h}], [k^h] bzw. [b^ɦ], [d̪^{ɦ}], [g^ɦ]. Bei [p^h], [t̪^{h}], [k^h] handelt es sich um eine typische Behauchung (Aspiration). Dabei ist die Öffnung des Verschlusslautes von einem Lufthauch begleitet. Bei den stimmhaften Verschlusslauten [b^ɦ], [d̪^{ɦ}], [g^ɦ] geht man aber nicht von einer Behauchung aus, sondern von einer besonderen Art der Stimmhaftigkeit, die als „breathy voice" oder auch „murmur" bezeichnet wird. Bei den gemurmelten Konsonanten sind die Stimmbänder entspannter als bei einer vollen Stimmhaftigkeit. Es entsteht eine geringere Schwingung der Stimmbänder.[84]

4.1.1 ख, /kha/

Devanāgarī-Symbol	ख
Phonetische Transkription IPA	[k^h]
Transliteration[85]	kh
Phonetische Beschreibung des Lautes	Konsonant velarer, stimmloser Verschlusslaut (Plosiv, Stop) behaucht
Ausssprachehinweis	wird ähnlich gesprochen wie ⟨k⟩ in dt. ⟨kalt⟩ [k^{h}alt^h], nur ist die Behauchung wesentlich stärker.[86] Behauchte Form von क [k]. Siehe unter 2.1.

Beispiele:

ख /kha/	खाना	/kha:na:/	essen
	खेलना	/khelna:/	spielen
	पंखा	/pankha:/	Ventilator
	सीखना	/si:khna:/	lernen
	खोलना	/kho:lna:/	öffnen

84 Siehe für das Hindi Shapiro (2003: 260) und für Details der phonetischen Beschreibung Cleghorn/Rugg (2011: 80 f., 318, 334). Zu „murmured voice" auch Wikipedia (Englisch).

85 Hunterian System: kh; ISO: kh; Bhari: kh; Snell: kh. Phonetisch (IPA): [k^h].

86 Das Ausspracheproblem für Deutsche liegt nicht so sehr darin ख aspiriert zu sprechen, als darin, क nicht-aspiriert auszusprechen. Im Deutschen ist die behauchte Realisierung von stimmlosen Verschlusslauten ([p^h], [t^h], [k^h]) verbreitet; sie kommen hauptsächlich vor langen Vokalen vor. Die Unterscheidung *aspiriert* vs. *nicht-aspiriert* ist im Deutschen aber nicht relevant, da durch diesen lautlichen Unterschied keine Wörter unterschieden werden.

4.1.2 घ, /gha/

Devanāgarī-Symbol	घ
Phonetische Transkription IPA	[gʱ]
Transliteration[87]	gh
Phonetische Beschreibung des Lautes	Konsonant velarer, stimmhafter Verschlusslaut (Plosiv, Stop) behaucht
Aussprachehinweis	wird als stimmhafter, behauchter g-Laut gesprochen.[88] Behauchte Form von ग [g]. Siehe unter 2.2.1.

Beispiele:

घ /gha/	घर	/ghar/	Haus
	घास	/gha:s/	Gras
	घातक	/gha:tak/	tödlich
	घोर	/gho:r/	schrecklich
	घी	/ghi:/	Ghee, geklärte Butter
	घूमना	/ghu:mna:/	herumziehen, eine Tour machen

4.1.3 छ, /ʧha/

Devanāgarī-Symbol	छ
Phonetische Transkription IPA	[ʧʰ] oder [t͡ʃʰ]
Transliteration[89]	ʧh
Phonetische Beschreibung des Lautes	Konsonant alveo-palataler, stimmloser, aspirierter Affrikat
Aussprachehinweis	gesprochen wie ⟨tsch⟩ in ⟨Matsch⟩ [maʧ] oder in engl. ⟨chin⟩ [ʧɪn] (Kinn) mit einer sehr deutlichen Behauchung. Behauchte Form von च [ʧ]. Siehe unter 2.2.6.[90]

87 Hunterian System: gh; ISO:gh; Bhari: gh; Snell: gh. Phonetisch (IPA): [gʱ].
88 Stimmhafte Verschlusslaute wie /b/, /d/, /g/ sind im Deutschen in der Regel nicht aspiriert. – Snell (2003: 21) gibt als Aussprachehinweis „as ‚g-h' in ‚dog-house' or ‚big hat' spoken fast".
89 Hunterian System: chh; ISO: ch; Bhari: chh; Snell: ch. Phonetisch (IPA): [tʃʰ]. In Indien wird der Laut im Alltag meist als ⟨chh⟩ transkribiert.
90 Snell (2003: 22) gibt den Aussprachehinweis „as ‚ch… h' in ‚touch him' but with more aspiration."

Beispiele:

छ /ʧha/	कुछ	/kuʧh/	einige
	छत	/ʧhat/	Dach
	छुरी	/ʧhuri:/	Messer
	(के) पीछे	/ke pi:ʧhe/	hinter
	अच्छा	/aʧʧha:/	gut
	छोटा	/ʧho:ʈa:/	klein
	छह	/ʧhah/	sechs

4.1.4 झ, /ʤha/

Devanāgarī-Symbol	झ झ[91]
Phonetische Transkription IPA	[dʒʱ], [ʤʱ] oder [d͡ʒʱ]
Transliteration[92]	ʤh
Phonetische Beschreibung des Lautes	Konsonant alveo-palataler, stimmhafter, aspirierter Affrikat[93]
Aussprachehinweis	Der Laut entspricht, bei korrekter Aussprache, dem ⟨g⟩ in dt. ⟨Gin⟩ [ʤɪn], wenn man eine starke Behauchung hinzufügt. Fügt man [ʤ] in engl. ⟨jungle⟩ [ʤʌŋgəl] (Dschungel) oder ⟨judge⟩ [ʤʌʤ] (Richter) eine starke Behauchung hinzu, wird man ebenfalls eine Annäherung an die Aussprache des झ bzw. [ʤh] erzielen können.[94] झ ist die stimmhafte Entsprechung des छ [ʧh]. झ ist die behauchte Form von ज [ʤ]. Siehe unter 3.2.1.

91 In älteren Texten statt झ.
92 Hunterian System: jh; ISO: jh; Bhari: jh; Snell: jh. Phonetisch (IPA): [ʤʱ]. In Indien wird der Laut im Alltag meist als ⟨jhh⟩ transkribiert.
93 Zur Beschreibung der Artikulation von Affrikaten siehe 2.2.6.
94 Snell (2003: 22) gibt den Aussprachehinweis „as ‚dodge… h' in ‚dodge him' but with more aspiration."

Beispiele:

झ /dʒha/	समझना	/samadʒhna:/	verstehen
	मुझे	/mudʒhe/	mir
	मुझको	/mudʒhko:/	mir
	बोझ	/bo:dʒh/	Last
	झील	/dʒhi:l/	See
	झुकना	/dʒhukna:/	beugen, neigen

4.1.5 थ, /tha/

Devanāgarī-Symbol	थ
Phonetische Transkription IPA	[t̪ʰ]
Transliteration[95]	th
Phonetische Beschreibung des Lautes	Konsonant dentaler, stimmloser Verschlusslaut (Plosiv, Stop) behaucht
Aussprachehinweis	wird gesprochen wie das ⟨t⟩ in dt. ⟨Tee⟩ /tʰe:/ nur sehr viel deutlicher behaucht. Behauchte Form von त [t̪]. Siehe unter 1.2.2.

Beispiele:

थ /tha/	हाथ	/ha:th/	Hand
	हाथी	/ha:thi:/	Elefant
	था	/tha:/	(er) war
	अतिथि	/atitithi/	Gast
	साथी	/sa:thi:/	Begleiter
	थैला	/thæla:/	(Umhänge)tasche
	पथ	/path/	Pfad, Weg

95 Hunterian System: th; ISO: th; Bhari: th; Snell: th. Phonetisch (IPA): [t̪ʰ]. Das Zeichen ̪ unter dem t gibt an, dass der Laut dental ist, d.h., dass die Zunge bei der Artikulation die oberen Schneidezähne berührt.

4.1.6 ध, /dha/

Devanāgarī-Symbol	ध
Phonetische Transkription IPA	[d̪ʱ]
Transliteration[96]	dh
Phonetische Beschreibung des Lautes	Konsonant dentaler, stimmhafter Verschlusslaut (Plosiv, Stop) behaucht
Aussprachehinweis	Behauchte Form von द [d̪]. Siehe unter 3.2.3.

Beispiele:

ध /dha/	दूध	/du:dh/	Milch
	धोना	/dho:na:/	waschen
	धूप	/dhu:p/	Sonnenschein
	धूल	/dhu:l/	Staub
	गंध	/gandh/	Geruch
	अधिक	/adhik/	viel, mehr
	धीरे	/dhi:re/	langsam

4.1.7 फ, /pha/

Devanāgarī-Symbol	फ
Phonetische Transkription IPA	[ph]
Transliteration[97]	ph
Phonetische Beschreibung des Lautes	Konsonant bilabialer, stimmloser Verschlusslaut (Plosiv, Stop) behaucht
Aussprachehinweis	Behauchte Form von प [p].[98] Siehe unter 1.2.3.

96 Hunterian System: dh; ISO: dh; Bhari: dh; Snell: dh. Phonetisch (IPA): [d̪ʱ].
97 Hunterian System: ph; ISO: ph; Bhari: ph; Snell: ph. Phonetisch (IPA): [pʰ]
98 Snell (2003: 25) gibt den Ausprachehinweis „as ‚p-h' in ‚top-hat'."

Beispiele:

फ /pha/	फूल	/phu:l/	Blume
	फल	/phal/	Frucht
	फिर	/phir/	wieder, dann
	सफल	/saphal/	erfolgreich
	फूफी	/phu:phi:/	Tante, Schwester des Vaters

4.1.8 भ, /bha/

Devanāgarī-Symbol	भ
Phonetische Transkription IPA	[bʱ]
Transliteration[99]	bh
Phonetische Beschreibung des Lautes	Konsonant bilabialer, stimmhafter Verschlusslaut (Plosiv, Stop) behaucht
Ausprachehinweis	Behauchte Form von ब [b].[100] Siehe unter 1.2.4.

Beispiele:

भ /bha/	भाई	/bha:i:/	Bruder
	भूख	/bhu:kh/	Hunger
	भारत	/bha:rat/	Indien
	भारी	/bha:ri:/	schwer
	भी	/bhi:/	auch
	भूमि	/bhu:mi/	Land, Erde

99 Hunterian System: bh; ISO: bh; Bhari: bh; Snell: bh. Phonetisch (IPA): [bʱ].
100 Snell (2003: 26) gibt den Ausprachehinweis „as ‚b-h' in ‚club-house' spoken quickly."

4.2 Verbindungen mit र

Für Konsonanten- und Vokalverbindungen mit र gelten eine Reihe von besonderen Regeln.

4.2.1 Verbindung von र mit /u:/ und /u/

Bei der Verbindung von र mit /u:/ und /u/ wird das Zeichen für den Vokal nicht, wie sonst bei Konsonanten üblich, unter das र geschrieben, sondern hochgezogen.

र + ◌ू	रू	रूसी	/ru:si:/	russisch
		अमरूद	/amru:d/	Guave
		रूप	/ru:p/	Form
		रूमाल	/ru:ma:l/	Taschentuch
		शुरू	/ʃuru:/	Anfang, Beginn

र + ◌ु	रु	रुपया	/rupja:/	Rupie, Geld
		गुरु	/guru/	Guru, Lehrer
		गुरुवार	/guruva:r/	Donnerstag
		रुकना	/rukna:/	stoppen, anhalten
		रुचि	/rutʃi/	Vorliebe, Interesse

4.2.2 Ligaturen mit र als erster Komponente

Um die etwas komplizierten Verhältnisse bei Ligaturen mit र besser verstehen zu können, soll hier nochmals ein einfaches Beispiel für eine Ligatur aus dem Kapitel 2.3.1 wiederholt werden. Bei einer Konsonantenkombination von स und त entsteht die Ligatur स्त, indem der rechte Teil des ersten Konsonanten getilgt wird.

स् + त → स्त.

Bei Kombinationen mit र als erstem Element wird dieses र durch ein Häkchen auf der Oberlinie über dem zweiten Konsonanten dargestellt. Das Häkchen heißt रेफ /reph/.

र् + क → र्क

Dabei ist es für die Platzierung dieses Häkchens von Bedeutung, welche Vokale nach dem zweiten Konsonanten in dem Wort folgen. Zwei Gruppen sind zu unterscheiden:

a) Der zweite Konsonant trägt nur den kurzen, inhärenten Vokal /a/ bzw. /ə/ oder /u:/ und /u/. In diesem Fall steht das Häkchen direkt über dem zweiten Konsonanten.

र् + क → र्क

र् + कु → र्कु

र् + कू → र्कू

b) Der zweite Konsonant trägt einen der folgenden Vokale ा, ि, ी, े, ै, ो, oder ौ und bildet mit diesen Vokalen eine Silbe. In diesem Fall steht das Häkchen am Ende dieser Silbe.

र् + क + ा → र्का

र् + क + ी → र्की

र् + क + ो → र्को

Beispiele für den Fall a)

र् + क	र्क	फ़र्क	/fark/	Unterschied
र् + त	र्त	परिवर्तन	/parivartan/	Veränderung
र् + व	र्व	उर्वर	/urvar/	fruchtbar
र् + व	र्व	पर्वत	/parvat/	Berg
र् + द	र्द	सर्द	/sard/	kalt
र् + द	र्द	उर्दू	/urdu:/	Urdu

Beispiele für den Fall b)

र् + द + ा	र्दा	/rda/	पर्दा	/parda:/	Vorhang
र् + द + ि	र्दि	/rdi/	हार्दिक	/ha:rdik/	herzlich
र् + द + ी	र्दी	/rdi:/	सर्दी	/sardi:/	Winter
र् + द + े	र्दे	/rde/	निर्देश	/nirdeʃ/	Belehrung

र् + व + ै	वै	/rvæ/	आयुर्वैदिक	/a:jurvædik/	ayurvedisch
र् + द + ो	र्दो	/rdo:/	निर्दोष	/nirdo:ʃ/	unschuldig

4.2.3 Ligaturen mit र als zweiter Komponente

Ist र die zweite Komponente in der Ligatur, wird es durch einen kleinen Strich repräsentiert, der an den ersten Konsonanten angefügt wird.

क् + र	क्र	/kr/	क्रम	/kram/	Ordnung, Reihenfolge
ग् + र	ग्र	/gr/	सामग्री	/sa:magri:/	Material
प् + र	प्र	/pr/	प्रेम	/prem/	Liebe
ब् + र	ब्र	/br/	क़ब्र	/qabr/	Grab
ज् + र	ज्र	/ʤr/	वज्र	/vaʤra/	Donnerkeil
म् + र	म्र	/mr/	उम्र	/umra/	Alter
व् + र	व्र	/vr/	व्रत	/vrat/	Fasten
ह + र	ह्र	/hr/	ह्रस्व	/hrasv/	kurz, klein

Haben die Zeichen für die Konsonanten unten eine Rundung wie bei ट und ड, wird statt des Strichs ein „Dächlein" angefügt.[101] Ausnahme द; hier wird nur ein einfacher Strich verwendet.

द् + र	द्र	/dr/	पंद्रह	/pandrah/	fünfzehn
ट् + र	ट्र	/ʈr/	ट्रेन	/ʈren/	Zug
ड् + र	ड्र	/ɖr/	ड्राइवर	/ɖra:ivar/	Fahrer (engl. *driver*)

101 Die Laute ट und ड werden in Kapitel 5.1.1 bzw. 5.1.3 behandelt.

4.2.4 Die unregelmäßigen Ligaturen त्र und श्र

Bei den Konsonanten त und श gibt es für die Kombination mit र besondere Zeichen, die man nicht ohne Weiteres als Ligaturen mit र erkennen kann. Es sind त्र und श्र.

त् + र → त्र	त्र	/tr/	मित्र	/mitr/	Freund
			सत्रह	/satrah/	siebzehn
श् + र → श्र	श्र	/ʃr/	आश्रम	/a:ʃram/	Ashram
			श्री	/ʃri:/	Herr (als Anredeform: Herr Sharma)
			श्रीमती	/ʃri:mati:/	Frau (als Anredeform: Frau Sharma)

4.3 ऋ /ri/ abhängिग ृ

ऋ wird in den meisten Grammatiken bei den Vokalen aufgeführt.[102] Das ist für das Hindi aber irreführend. Im Sanskrit war ऋ eine Art Vokal, dessen Lautwert aber im Hindi nicht erhalten geblieben ist. ऋ wird im Hindi als /ri/ ausgesprochen, was eindeutig eine Konsonant-Vokalverbindung ist. ऋ kommt im Hindi nur in Wörtern vor, die aus dem Sanskrit stammen.

ऋ	/ri/	ऋग्वेद	/rigveda/	Rigveda
		ऋषि	/riʃi/	Seher, Weiser
		ऋषिकेश	/riʃikeʃ/	Rishikesh
		ऋतु	/ritu/	Jahreszeit

Anmerkung: Als typographische Variante von ऋ wird im Hindi in manchen Schrifttypen auch ॠ verwendet. In älteren Texten findet sich auch die Form ॠ.

102 Hunterian System: ri; ISO: r̥; Bhari: ri; Snell: ṛ. Phonetisch (IPA): [rɪ]. – IPA für Sanskrit [r̩]. Lehmann (2007: 2 f.) schreibt über die Verhältnisse im Sanskrit Folgendes: „Was hier als konsonantische Vokale (d. h. konsonantisch anklingende Vokale) bezeichnet wird, sind syllabische Konsonanten, die von der einheimischen Sanskrit-Grammatik zu den einfachen Vokalen gezählt werden. Ursprünglich waren wohl ṛ und ṝ Vokale mit einem konsonantischen Nachklang. Heutzutage werden ṛ und ṝ wie Konsonanten mit einem vokalischen Nachklang von ‚i' oder ‚u' ausgesprochen. […] So spreche man ṛ wie dt. ‚ri' in ‚Ring' und ṝ wie dt. ‚rie' in ‚Riese'. Beispiele: ṛgveda wird ‚rigveda' und kṛṣṇa ‚krischna' gesprochen."

In Wörtern, die aus dem Englischen kommen, wird die Schreibung nicht verwendet.

क्रिकेट	/krikeṭ/	Kricket
क्रिस-मस	/krismas/	Weihnachten

Da die Lautkombination in der Schrift wie ein Vokal behandelt wird, gibt es auch die Unterscheidung zwischen abhängiger und nichtabhängiger Form, wie bei den Vokalen.

Die abhängige Form von ऋ ist ◌ृ

◌ृ	zusammen mit क	कृ	कृपा	/kripa:/	Freundlichkeit
	zusammen mit ग	गृ	गृहस्थी	/grihasthi:/	Haushalt, Familie
	zusammen mit म	मृ	मृग	/mrig/	Reh, Hirsch, Gazelle
	zusammen mit स	सृ	सृजन	/sridʒan/	Schöpfung
	zusammen mit ब	बृ	बृहस्पतिवार	/brihaspativa:r/	Donnerstag
	zusammen mit द	दृ	दृश्य	/driʃja/	Ansicht, Aussicht

Wir lernen

- die retroflexen Konsonanten ट, ठ, ड, ढ, ण
- die retroflexen r-Laute ड़ und ढ़ (Nukta-Zeichen 2)
- ष als Schreibung für den postalveolaren Reibelaut /ʃ/
- die restlichen Nukta-Zeichen क़, ख़, ग़, ज़, फ़ (Nukta-Zeichen 3)
- weitere Ligaturen z. B. क्ष, त्त etc.
- Die Buchstaben ञ und ङ

5.1 Die retroflexen Konsonanten ट, ठ, ड, ढ, ण

Die dentalen, d. h. an den Zähnen gebildeten Konsonanten त, थ, द, ध und न haben retroflexe Entsprechungen:[103]

dental	त	थ	द	ध	न
Dental	t̪a	t̪ʰa	d̪a	d̪ʱa	n̪a
Retroflex	ट	ठ	ड	ढ	ण
retroflex	/ʈa/	/ʈʰa/	/ɖa/	/ɖʱa/	/ɳa/

[ʈ], [ɖ], [ɳ] und [ʈʰ], [ɖʱ] sind die phonetischen Zeichen für die retroflexen Laute.[104] In vielen Darstellungen wird aber eine andere Umschrift gewählt; dort werden die Konsonanten zur Markierung der retroflexen Artikulation mit einem Punkt versehen:

ṭ, ḍ bzw. ṇ.

Die retroflexen Laute werden gebildet, indem die Zungenspitze hinter den Zahndamm gelegt und nach hinten gebogen wird.[105]

103 Die Laute werden als „retroflex" bezeichnet, weil die Zunge zurückgebogen wird. (lat. *retro* zurück, nach hinten; lat. *flectere*: biegen, beugen, krümmen).

104 In der Literatur über indische Sprachen werden die retroflexen Konsonanten oft auch als „cerebral" bezeichnet.

105 Die Laute können unter anderer phonetischer Perspektive auch als „apikal-postalveolar" oder „apikal-präpalatal" charakterisiert werden, d. h. als Laute, die mit der Zungenspitze (lat. *apex*) hinter dem Zahndamm (Alveolen) gebildet werden, oder – was auf das Gleiche hinausläuft – mit der Zungenspitze vor dem harten Gaumen (lat. *palatum*). Die Position der Zunge variiert jedoch je nach Lautumgebung, Sprechgeschwindigkeit und unterscheidet sich auch bei einzelnen Sprechern. Genauere phonetische Untersuchungen (Dixit [1999: 51]) haben z. B. gezeigt, dass z. B. beim [ɖ] der Artikulationsort von den umgebenden Vokalen abhängig ist. Tritt [ɖ] zwischen vorderen Vokalen wie /i/ auf, so wird die Zunge hauptsächlich dental aber auch präalveolar platziert. Steht [ɖ] aber zwischen hinteren Vokalen wie /u/, so ist der Berührungspunkt der Zunge ausschließlich präalveolar. Vgl. auch Hamann (2003: 15). Bei anderen retroflexen Lauten wie /ɽ/ ड़ und /ɽʱ/ ढ़ (siehe 5.2.1) ist die Artikulationsstelle immer postalveolar unabhängig von der vokalischen Umgebung.

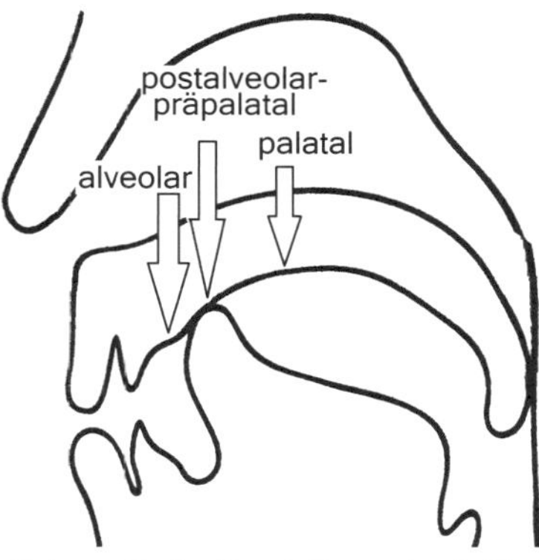

Schematische Darstellung der Artikulationsstelle bei den retroflexen Konsonanten [ṭ].

Die zurückgebogene Zungenspitze wird postalveolar oder – anders gesagt – präpalatal, d. h. zwischen dem Zahndamm (alveolar) und dem harten Gaumen (palatal) platziert.

Zur weiteren Verdeutlichung sollen hier graphische Darstellungen aus Cleghorn / Rugg (2011: 157) eingeschaltet werden. Die linke Graphik stellt die Artikulation das alveolaren [t] dar, die rechte das retroflexe [ṭ].

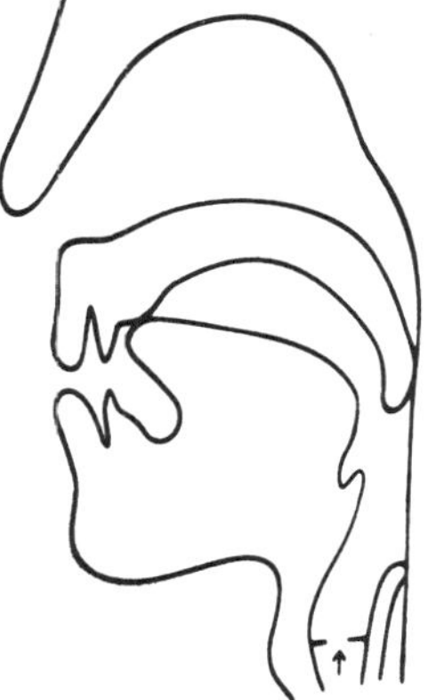

Artikulationsdiagramm [t]

Artikulationsdiagramm [ṭ]

Durch den Gegensatz त↔ट, द↔ड, ध↔ढ, थ↔ठ werden Wörter unterschieden.

Beispiele:

टाल /ṭa:l/ Haufen	ताल /ta:l/ Teich, Wassertank
ठाक /ṭha:k/ taɔp tapp (lautmalerisch) ठीक-ठाक	थाक /tha:k/ Grenzpfeiler OK, gut
डाल /ḍa:l/ Zweig Ast	दाल /da:l/ Linsen
ढाक /ḍha:k/ eine Baumart[106]	धाक /dha:k/ Ehrfurcht

5.1.1 ट, /ṭa/

Devanāgarī-Symbol	ट
Phonetische Transkription IPA	[ʈ]
Transliteration[107]	ṭ
Phonetische Beschreibung des Lautes	Konsonant stimmloser, retroflexer, unbehauchter Verschlusslaut (Plosiv, Stop)
Ausspracheinweis	ट wird als ein stimmloser t-Laut gesprochen, bei dem die Zungenspitze nach hinten gebogen wird. Die gekrümmte Zungenspitze wird zwischen dem Zahndamm und dem harten Gaumen platziert. Der so entstehende Verschluss des Luftstroms wird dann, wie bei allen Verschlusslauten (Plosiven), sofort wieder geöffnet. Snell (2003: 22) gibt als Ausspracheinweis „as ‚t' in ‚train' but retroflex". Einen vergleichbaren Laut gibt es aber weder im Englischen noch im Deutschen.

Bei Wörtern, die aus dem Englischen übernommen wurden, wie मिनट (engl. *minute* [mɪnɪt]) oder जैकेट (engl. *jacket* [dʒækɪt]), wird das [t] immer als /ṭ/ gesprochen und entsprechend als ट geschrieben.

106 Butea monosperma: Malabar-Lackbaum, Palasabaum oder Plossobaum.
107 Hunterian System: t; ISO: ṭ; Bhari: ṭ; Snell: ṭ. Phonetisch (IPA): [ʈ]. Das Transkriptions-System ITRANS verwendet Großbuchstaben für die retroflexen Konsonanten: ट = Ta, ठ = Tha, ड = Da, ढ = Dha, ण = Na.

Beispiele:

ट /ʈa/	टमाटर	/ʈama:ʈar/	Tomate
	छोटा	/ʧho:ʈa:/	klein
	पेट	/peʈ/	Bauch
	आटा	/a:ʈa:/	Mehl
	टूटना	/ʈu:ʈna:/	brechen, zerbrechen
	डाक्टर	/ɖa:kʈar/	Doktor
	मिनट	/minaʈ/	Minute

5.1.2 ठ, /ʈha/

Devanāgarī-Symbol	ठ
Phonetische Transkription IPA	[ʈʰ]
Transliteration [108]	/ʈh/
Phonetische Beschreibung des Lautes	Konsonant stimmloser, retroflexer, behauchter Verschlusslaut (Plosiv, Stop)
Aussprachehinweis	ठ wird wie ट mit einer zusätzlichen Behauchung gesprochen analog zu थ im Vergleich zu त.

Beispiele:

ठ /ʈʰa/	ठीक	/ʈhi:k/	ok, richtig
	आठ	/a:ʈh/	acht
	कठिन	/kaʈhin/	schwierig
	मीठा	/mi:ʈha:/	süß
	बैठना	/bæʈhna:/	sitzen
	पाठ	/pa:ʈh/	Lektion

108 Hunterian System: th; ISO: ṭh; Bhari: ṭh; Snell: ṭh. Phonetisch (IPA): [ʈʰ]. – ITRANS: Th.

5.1.3 ड, /ḍa/

Devanāgarī-Symbol	ड
Phonetische Transkription IPA	[ɖ]
Transliteration [109]	ḍ
Phonetische Beschreibung des Lautes	Konsonant stimmhafter, retroflexer, unbehauchter Verschlusslaut (Plosiv, Stop)
Ausspracheehinweis	ड unterscheidet sich dadurch vom ट, dass ड stimmhaft ist. Snell (2003: 23) gibt als Ausspracheehinweis „as ‚d' in ‚date' but retroflex". Einen vergleichbaren Laut gibt es aber weder im Englischen noch im Deutschen.

Schematisch lässt sich die Artikulationsstelle von /ḍ/ nach Hamann (2003: 19) wie folgt darstellen:

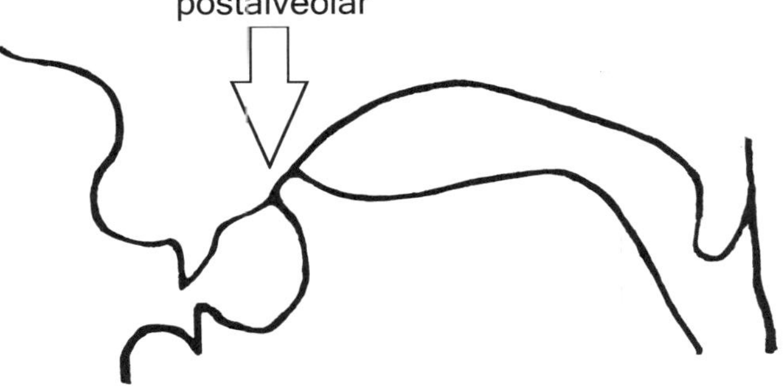

Beispiele:

ड /ḍa/	डाक्टर	/ḍa:kṭar/	Doktor
	डाक	/ḍa:k/	Post
	डिब्बा	/ḍibba:/	Schachtel
	डाल	/ḍa:l/	Zweig, Ast
	डर	/ḍar/	Furcht, Angst
	ड्रेस	/ḍres/	Kleid

109 Hunterian System: d; ISO: ḍ; Bhari: ḍ; Snell: ḍ. Phonetisch (IPA): [ɖ] – ITRANS: D.

5.1.4 ढ, /ḍha/

Devanāgarī-Symbol	ढ
Phonetische Transkription IPA	[ɖʱ]
Transliteration[110]	ḍh
Phonetische Beschreibung des Lautes	Konsonant stimmhafter, retroflexer, behauchter Verschlusslaut (Plosiv, Stop)
Aussprachehinweis	ढ wird wie ड mit einer zusätzlichen Behauchung gesprochen analog zu ध im Vergleich zu द.

Beispiele:

ढ /ḍha/	ढाई	/ḍha:i:/	zweieinhalb
	ढीला	/ḍhi:la:/	lose, locker
	ढकना	/ḍhakana:/	zudecken, bedecken
	ढालू	/ḍha:lu:/	abschüssig (Ufer, Straße)
	ढेर	/ḍher/	Haufen, Stapel
	मेढक	/meḍhak/	Frosch

5.1.5 ण, /ɳa/

Devanāgarī-Symbol	ण veraltete alternative Form: ग़ा
Phonetische Transkription IPA	[ɳ]
Transliteration[111]	ɳ
Phonetische Beschreibung des Lautes	Konsonant stimmhafter, retroflexer Nasal
Aussprachehinweis	ण ist ein retroflexer n-Laut. Die zurückgebogene Zunge blockiert den Luftstrom durch die Mundhöhle, so dass die Luft durch den Nasenraum fließt. Snell (2003: 23) gibt den Aussprachehinweis: „as ‚n' in ‚end' but retroflex".

110 Hunterian System: dh; ISO: ḍh; Bhari: ḍh; Snell: ḍh. Phonetisch (IPA): [ɖʱ]. ITRANS: Dh.
111 Hunterian System: n; ISO: ṇ; Bhari: ṇ; Snell: ṇ. Phonetisch (IPA): [ɳ]. – ITRANS: N.

ण kommt hauptsächlich in Wörtern vor, die ihren Ursprung in Sanskrit haben. Viele Sprecher des Hindi vernachlässigen bei der Aussprache allerdings den Unterschied zwischen /n/ न und /ɳ/ ण.

Beispiele:

ण /ɳa/	वाराणसी	/va:ra:ɳasi:/	Varanasi
	गणेश	/gaɳeʃ/	Ganesch
	गणित	/gaɳit/	Mathematik
	बाण	/ba:ɳ/	Pfeil
	कारण	ka:raɳ/	Ursache, Grund
	गुण	/guɳ/	Eigenschaft, Qualität

5.2 Die retroflexen r-Laute ड़ und ढ़ (Nukta-Zeichen 2)

ड़ und ढ़ stehen für die Laute [ɽ] und [ɽh]. Sie gehören zu den sog. Flaps. Bei den Flaps ist der Artikulationsvorgang sehr dynamisch, d.h. die einzelnen Zustände der Positionen der aktiven und passiven Artikulationsorgane zueinander wechseln sehr schnell. Die Zunge kommt nicht, wie z.B. bei den dentalen oder alveolaren Verschlusslauten, an einer Stelle zur Ruhe, sondern sie bewegt sich nur ganz kurz über die Artikulationsstelle hin und findet dann an einer anderen Stelle ihren Ruhepunkt[112] ड़ und ढ़ können unter anderer Perspektive auch zu den „rhotics", den R-artigen Lauten, gerechnet werden. Vgl. Hamann (2003: 25).

5.2.1 ड़ /ɽa/

Devanāgarī-Symbol	ड़
Phonetische Transkription IPA	[ɽ]
Transliteration[113]	ɽ
Phonetische Beschreibung des Lautes	stimmhafter, unbehauchter, retroflexer Flap
Aussprachehinweis	Aussprachehinweise finden sich im nachfolgenden Text.

112 Vgl. Cleghorn/Rugg (2011: 224): Flaps "involve quick, flickering movements of a loosely held articulator against the point of articulation. The articulator actually only touches the point of articulation for a very brief period of time."

113 Hunterian System: r; ISO: ṛ; Bhari: ṛ; Snell: ṛ. Phonetisch (IPA): [ɽ].

Nach Hamann (2003: 25) lassen sich die zwei Phasen bei der Artikulation von /ɽ/ wie folgt darstellen:[114]

Bild 1 stellt die erste Phase der Artikulation dar: Die Zunge wird zurückgebogen. Sie steuert die postalveolare Position an. Sie berührt diese Stelle aber nicht, sondern schwingt nach vorne, bevor sie richtig damit Kontakt gemacht hat. Auf ihrem Weg berührt die Unterseite der Zunge den Zahndamm (Bild 2). Die Zungenbewegung endet dann hinter den oberen Zähnen.

Die Laute /ɽ/ und /ɽha/ gibt es im Sanskrit nicht. Deshalb wurden ड /ɖ/ und ढ /ɖh/ mit einem Punkt versehen, um diese Laute graphemisch repräsentieren zu können. Im Gegensatz zu den anderen Nukta-Zeichen deutet die Verwendung von Punkten aber nicht darauf hin, dass das Wort aus dem Persischen oder Arabischen entlehnt ist.[115]

Der Laut /ɽ/ kommt relativ häufig vor und ist für nicht-muttersprachliche Sprecher schwer zu artikulieren.

Beispiele:

ड़ /ɽa/	लड़का	/laɽka:/	Junge
	लड़की	/laɽki:/	Mädchen
	साड़ी	/sa:ɽi:/	Sari
	गाड़ी	/ga:ɽi:/	Auto, Zug (train)
	थोड़ा	/tho:ɽa:/	wenig
	घड़ी	/ghaɽi:/	Uhr

114 Hamann (2003: 25) bezieht sich dabei auf Laver (1994: 223).

115 Es wird vielmehr angenommen, dass sich der Laut aufgrund lautgeschichtlicher Prozesse (*flapping*) aus /ɖ/ entwickelt hat. Er kommt nur zwischen Vokalen und am Wortende vor. Pandey (2007: 149) geht davon aus, dass es sich bei /ɽ/ und /ɽh/ um Allophone von /ɖ/ und /ɖh/ handelt. Vgl. Shapiro (2003: 260), der eine ähnliche Auffassung vertritt. Auch Pořízka (1963: 29) interpretiert /ɽ/ als Variante von /ɖ/. Ohala (1983: 6) behandelt /ɽ/ und /ɽh/ jedoch als zwei selbstständige Phoneme.

5.2.2 ढ़, /ɽha/

Devanāgarī-Symbol	ढ़
Phonetische Transkription IPA	[ɽʱ]
Transliteration[116]	ɽh
Phonetische Beschreibung des Lautes	stimmhafter, behauchter, retroflexer Flap
Aussprachehinweis	Der Artikulationsverlauf ist wie beim ड़, nur ist der Laut noch zusätzlich behaucht.

Beispiele:

ढ़ /ɽha/	पढ़ना	/paɽhna:/	lesen
	पढ़ाना	/paɽha:na:/	lehren
	दाढ़ी	/da:ɽhi:/	Bart
	डेढ़	/ɖeɽh/	eineinhalb
	बढ़िया	/baɽhija:/	gut, herrlich
	बूढ़ा	/bu:ɽha:/	alt (von Menschen und Tieren), alter Mensch, Senior

5.3 ष /ʃa/

Devanāgarī-Symbol	ष
Phonetische Transkription IPA	[ʃ], ([ʂ])
Transliteration[117]	ʃ

116 Hunterian System: ṛh; ISO: ṛh; Bhari: ṛh; Snell: ṛh. Phonetisch (IPA): [ɽʱ].
117 Hunterian System: sh; ISO: ṣ; Bhari: ṣ; Snell: ṣ. Phonetisch (IPA): [ʃ], [ʂ]. IRANS: Sh. – Zum Vergleich: Transkription von श Hunterian System: sh; Bahri: sh; Snell: ś; Phonetisch (IPA): [ʃ]. Bhari und Snell machen also einen Unterschied bei der Aussprache von ष und श. Snell (2003: 28) schreibt: „ṣa although technically retroflex, this is not regularly distinguished from śa except in combination with retroflexes as ṭa and ṭha". Diese „Ausnahmen" kann man aber allgemein durch Prinzipien der Koartikulation begründen. Zu denken wäre hier an Wörter wie कष्ट [kaʂʈ] (*Schwierigkeit*), कनिष्ठ [kaniʂʈh] (*kleiner Finger, jüngster*) oder उष्ण [uʂɳă] (*Hitze*). In allen diesen Fällen lässt sich das [ʂ] dadurch erklären, dass ein retroflexer Verschlusslaut oder Nasal folgt. Es wirken hier also allgemeine phonetische Regeln. Eine Aussprache von ष als [ʂ] lässt sich für das Hindi damit nicht begründen. – In Wörterbüchern wie Bhari (1989) oder McGregor (1993) wird durchgängig ष als „ṣ" transliteriert und so vom „sh" bzw. „ś" unterschieden.

Phonetische Beschreibung des Lautes	Konsonant stimmloser, postalveolar Frikativ
Aussprachehinweis	ष wird im Hindi wie श /ʃ/ gesprochen. Siehe 3.2.4.

ष kommt nur in Wörtern vor, die aus dem Sanskrit entlehnt sind. Dort wird dieser Laut retroflex gesprochen, d. h. die Zunge wird dabei am Gaumen nach hinten gebogen. Die phonetische Schreibweise dafür ist [ʂ]. Im Hindi wird aber in der Aussprache kein Unterschied zwischen ष und श gemacht. Die Zuordnung zu den retroflexen Lauten kommt daher, dass sich die aus Indien stammenden Beschreibungen des Hindi, stark an den grammatischen Beschreibungstraditionen des Sanskrits orientieren.

Beispiele:

ष /ʃa/	पुरुष	/puruʃ/	Person, Mann
	भाषा	/bha:ʃa:/	Sprache
	वर्ष	/varʃ/	Jahr
	वर्षा	/varʃa:/	Regen
	विष	/viʃ/	Gift
	दोष	/do:ʃ/	Fehler
	निष्क्रिय	/niʃkrija/	inaktiv, faul

5.4 Nukta-Zeichen

„Nukta"(नुक़्ता) heißt auf Arabisch „Punkt". Nukta-Zeichen nennt man all die Grapheme, bei denen zu einem Buchstaben aus der Devanāgarī-Schrift ein Punkt hinzugesetzt wird, um damit einen anderen Laut zu symbolisieren, als den, den die Variante ohne Punkt repräsentiert. Drei Nukta-Zeichen haben wir schon kennengelernt, ज़, das als stimmhafter s-Laut /z/ ausgesprochen wird und die Zeichen ड़ und ढ़ für die retroflexen Laute /ɽa/ und /ɽah/.

Hier sollen nun die übrigen Nukta-Zeichen क़, ख़, ग़ und फ़ vorgestellt werden. Sie werden sämtlich dazu verwendet, fremdsprachliche Konsonanten zu repräsentieren, die in Lehnwörtern aus den Persischen und Arabischen, aber auch aus dem Englischen vorkommen.

Bei all diesen Zeichen ist zu beobachten, dass viele Sprecher die fremdsprachliche Aussprache gar nicht verwenden. Das gilt auch für die Orthographie. In zahlreichen Medien wird grundsätzlich auf den Nukta-Punkt verzichtet. Es wird damit argumentiert, dass es sich bei den betreffenden Wörtern um keine Fremd- oder Lehnwörter mehr handelt, sondern dass dieser Teil des Vokabulars fest im Hindi-Wortschatz verankert sei und somit auch lautlich und orthographisch in das System des Hindi zu integrieren sei.

Praktisch bedeutet das, dass man immer damit rechnen muss, dass ein Wort, bei dem man die Nukta-Schreibweise gelernt hat, auch ohne Punkt geschrieben wird.

Tendenziell neigen Hindi-Sprecher im umgangssprachlichen Gebrauch dazu, die fremdsprachlichen Konsonanten durch einheimische zu ersetzen.[118] Das gilt sogar für das ज़ /z/, das dann als ज /ʤ/ ausgesprochen wird, obwohl es, wie wir gesehen haben, Wörter im Hindi gibt, die sich hinsichtlich des Gegensatzes /z/ ↔ /ʤ/ unterscheiden.

5.4.1 क़ /qa/

Devanāgarī-Symbol	क़
Phonetische Transkription IPA	[q]
Transliteration[119]	q
Phonetische Beschreibung des Lautes	stimmloser, uvularer Verschlusslaut (Plosiv, Stop)
Aussprachehinweis	Während der Verschluss beim क bzw. [k] am weichen Gaumen (Velum) gebildet wird, ist die Artikulationsstelle beim /q/ am Zäpfchen (Uvula).

Die beiden folgenden Graphiken aus Cleghorn/Rugg (201: 10, 269) veranschaulichen die unterschiedlichen Artikulationsorte von [k] und [q].

118 Ohala (1983: 4) weist darauf hin, dass die entsprechenden Laute von Hindi-Sprechern als nicht zum eigentlichen Kern des Hindi-Lautbestandes gehörig angesehen werden.

119 Hunterian System: q; ISO: q; Bhari: q; Snell: q. Phonetisch (IPA): [q].

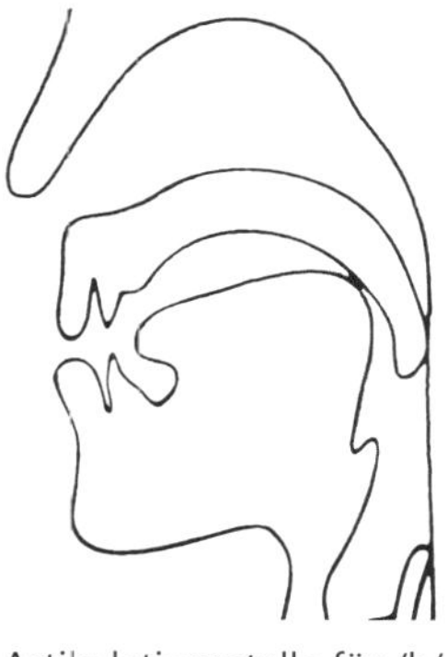

Artikulationsstelle für /k/

Artikulationsstelle für /q/

Beispiele:

क़ /qa/	क़लम	/qalam/	Federhalter, Füller
	क़मीज़	/qami:z/	Hemd
	क़तार	/qata:r/	Reihe, Schlange (*queue*)
	क़िला	/qila:/	Festung
	सबक़	/sabaq/	Lektion

Es sei hier nochmals daran erinnert, dass क़ oft wie क gesprochen wird.[120]

5.4.2 /χa/

Devanāgarī-Symbol	ख़
Phonetische Transkription IPA	[χ]
Transliteration[121]	χ
Phonetische Beschreibung des Lautes	stimmloser, uvularer Frikativ (Reibelaut).[122]
Aussprachehinweis	wird gesprochen wie das deutsche ⟨ch⟩ in ⟨Bach⟩ [baχ].

120 Vgl. McGregor (1986: xx).
121 Hunterian System: kh; ISO: kh; Bhari: kh; Snell: kh. Phonetisch (IPA): [x] bzw. [χ]. – McGregor (1993) gibt als Transliteration KH an.
122 Zuweilen wird der Laut in einschlägigen Werken auch als „velarer Reibelaut" charakterisiert. Dieser Laut wäre phonetisch dann als [x] zu repräsentieren. So gibt etwa Kachru (2006: 40) als phonetische Transkription von ख़ [x] an. [x] steht bei ihr aber für den stimmlosen, velaren Frikativ (Kachru [2006: xix]). – Für das Deutsche ist die Beschreibung des „Ach-Lauts" [χ] hinsichtlich der Artikulationsstelle *velar* vs. *uvular* auch nicht einheitlich. Hier dürfte jedoch der Bestimmung als stimmloser, uvularer Reibelaut der Vorzug zu geben sein. Vgl. Schäfer (2016: 73 f.).

Beispiele:

ख़ /χa/	ख़राब	/χara:b/	böse, schlecht
	ख़रीदना	/χari:dna:/	kaufen, erwerben
	ख़र्च	/χartʃ/	Ausgaben (von Geld)
	बुख़ार	/buχa:r/	Fieber
	मेख़	/meχ/	Nagel

5.4.3 ग़ /ɣa/

Devanāgarī-Symbol	ग़
Phonetische Transkription IPA	[ɣ]
Transliteration[123]	ɣ
Phonetische Beschreibung des Lautes	stimmhafter, uvularer Frikativ (Reibelaut).
Aussprachehinweis	ग़ /ɣ/ ist artikulatorisch verwandt mit ख़ /χ/. Der Unterschied besteht lediglich darin, dass /ɣ/ stimmhaft ausgesprochen wird.

Beispiele:

ग़ /ɣa/	काग़ज़	/ka:ɣz/	Papier
	ग़रीब	/ɣari:b/	arm
	ग़लत	/ɣalat/	falsch
	बग़ीचा	/baɣi:tʃa:/	Garten
	ग़ुस्सा	/ɣussa:/	Ärger

5.4.4 ज़ /za/

ज़ steht für den stimmhaften alveolaren Reibelaut /z/. Er wurde schon in 3.2.5 behandelt und wird hier nur deshalb nochmals aufgeführt, um die Gruppe der Konsonanten hier vollständig zu präsentieren, die in arabisch-persischen Lehnwörtern im Hindi gebraucht werden.

123 Hunterian System: gh; ISO: ġ; Bhari: G; Snell: g̤. Phonetisch (IPA): [ɣ]. McGregor (1993) gibt als Transliteration G an.

5.4.5 झ़ /ʒa/

Devanāgarī-Symbol	झ़
Phonetische Transkription IPA	[ʒ]
Transliteration[124]	ʒ
Phonetische Beschreibung des Lautes	stimmhafter, postalveolarer Frikativ (Reibelaut)
Aussprachehinweis	Der Laut wird gesprochen wie das zweite ⟨g⟩ in ⟨Garage⟩ [gaˈʁaːʒə]. Er kann als stimmhafte Form des [ʃ] charakterisiert werden.[125]

Im Hindi kommt der Laut bzw. Buchstabe sehr selten vor.

अझ़दहा = Drache [aʒdahaː] (alternative Schreibweisen अज़दहा, अजदहा).

Sonst wird झ़ zur Schreibung von Wörtern aus dem Englischen verwendet: डिविझ़न *division* engl. [dɪvɪʒən], डिसिझ़न *decision* engl. [dɪsɪʒən].

Weitere Beispiele: टॅलिविझ़न (*television*), ट्रॅझ़र (*treasure*), मॅझ़र (*measure*).[126]

5.4.6 फ़ /fa/

Devanāgarī-Symbol	फ़
Phonetische Transkription IPA	[f]
Transliteration[127]	f
Phonetische Beschreibung des Lautes	stimmloser labio-dentaler Frikativ (Reibelaut)
Aussprachehinweis	wird gesprochen wie ⟨f⟩ in Deutsch ⟨fliegen⟩ [fliːgən]. Der Laut wird durch eine Reibung zwischen der oberen Zahnreihe und der Unterlippe gebildet, d. h. der Luftstrom wird durch eine Engbildung zwischen der oberen Zahnreihe und der Unterlippe geführt. Die Reibung ist im Hindi jedoch weniger stark als im Deutschen.[128]

124 Hunterian System: zh; ISO: –; Bhari: –; Snell: –. Phonetisch (IPA): [ʒ].

125 Im Deutschen gibt es [ʒ] nur in Fremdwörtern, besonders in solchen, die aus dem Französischen entlehnt sind. Während für gebildete Sprecher das [ʒ] zum Lautinventar des Deutschen gehört (vgl. Altmann/Ziegenhain [2007: 67]), ersetzen weniger ambitionierte Sprecher das [ʒ] durch [ʃ]. ⟨beige⟩ wird dann [beːʃ] gesprochen statt [bɛʒ]. (Vgl. auch Altmann/Ziegenhain [2007: 66]).

126 Beispiele aus Hindi Wikipedia हिन्दी विकिपीडिया „झ़".

127 Hunterian System: f; ISO: f; Bhari: f; Snell: f. Phonetisch (IPA): [f].

128 Vgl. Pořízka (1963: 26).

Der Laut kommt in Lehnwörtern aus dem Persischen und Englischen vor. Viele Sprecher ersetzen /f/ फ़ jedoch durch /pʰ/ फ.[129]

Beispiele:

फ़ /fa/	साफ़	/sa:f/	sauber
	सफ़ेद	/safed/	weiß
	फ़र्श	/farʃ/	Fußboden
	सिर्फ़	/sirf/	nur
	काफ़ी	/ka:fi:/	genug
	फ़ुटबाल	/fuʈba:l/	Fußball
	फ़िल्म	/film/	Film

5.5 Weitere Ligaturen

5.5.1 क्ष, त्त etc.

In diesem Abschnitt sollen einige weitere Ligaturen vorgestellt werden. Einfache Ligaturen hatten wir schon in 2.3.1 behandelt. Ligaturen mit र wurden in 4.2.2 bis 4.2.4 dargestellt. Es ist nicht das Ziel, hier alle Ligaturen aufzuführen.[130] Bei vielen Ligaturen wird heutzutage auch schon die Schreibung mit Virām bevorzugt. Im Einzelnen sollen zunächst die unter (1) aufgelisteten Ligaturen vorgestellt werden. Danach werden Ligaturen mit ह und „gestapelte" Ligaturen und eingeführt.

129 Vgl. Pořízka (1963 26), McGregor (1986: xix).

130 Eine Darstellung aller belegbaren Ligaturen findet sich Tremel, „Attested Hindi Ligatures". https://www.skytower.org/~ernstjtremel/downloadableHindiFiles/Attested_Hindi_Ligatures_shiDeva.pdf Für eine vollständige tabellarische Auflistung der Ligaturen mit zwei Elementen siehe „Devanagari" 3.4.1 Englisch Wikipedia. https://en.wikipedia.org/wiki/Devanagari#Conjuncts.

(1) क्त, क्ष, त्त, द्द, द्ध, द्य, द्व, द्ब, द्भ, न्न, श्च, श्न, ष्ट, ष्ठ

Kombination	Beispiel	Alternative Schreibweise	
क + त → क्त	भक्ति रक्त	भक्ति रक्त	Hingabe Blut
क + ष → क्ष	अक्षर कक्षा परीक्षा		Buchstabe (Schul)klasse Prüfung
त + त → त्त	कुत्ता चित्त		Hund Verstand
द + द → द्द	गद्दा	गद्‌दा	Kissen, Matratze
द + ध → द्ध	प्रसिद्ध बुद्धि	प्रसिध्द बुध्दि	berühmt Intellekt Verstand
द + य → द्य	विद्यार्थी	विद्‌यार्थी	Student
द + व → द्व	के द्वारा	के द्‌वारा	durch, von (die Stadt wurde durch die Feinde zerstört)
द + ब → द्ब	उद्बोधन	उद्‌बोधन	Erleuchtung
द + भ → द्भ	सद्भावना	सद्‌भावना	Wohlwollen
न + न → न्न	उन्नीस गन्ना	उन्नीस गन्ना	neunzehn Zuckerrohr
श + च → श्च	आश्चर्य	आश्‍चर्य	Erstaunen
श + न → श्न	प्रश्न	प्रश्‍न	Frage
ष + ट → ष्ट	राष्ट्र	राष्‍ट्र	Nation
ष + ठ → ष्ठ	काष्ठ	काष्‍ठ	Holz

5.5.2 Ligaturen mit ह

Bei Ligaturen mit ह wird das zweite Element oft in den Bogen des ह integriert.

Man beachte die alternative Schreibweise für die Konsonanten-Cluster mit ह्. Hier fällt beim ह der rechte, nach unten weisende Teil des Bogens weg.

Kombination	Beispiel	Alternative Schreibweise	
ह + न → ह्न	चिह्न	चिह्‌न	Zeichen, Anzeichen
ह + म → ह्म	ब्राह्मण	ब्राह्‌मण	Brahmane
ह + य → ह्य	गुह्य	गुह्‌य	geheim
ह + र → हृ	हृदय	–	Herz
ह + ल → ह्ल	आह्लादित	आह्‌लादित	entzückt
ह + व → ह्व	जिह्वा	जिह्‌वा	Zunge

5.5.3 Gestapelte Ligaturen

Bei einigen Buchstaben wird der zweite Konsonant der Ligatur unter den ersten geschrieben.

Kombination	Beispiel	Alternative Schreibweise	Kombination
ट + ट → ट्ट	छुट्टी	छुट्‌टी	Ferien
ट + ठ → ट्ठ	चिट्ठी	चिट्‌ठी	Brief
ठ + ठ → ठ्ठ	मुठ्ठी	मुठ्‌ठी	Faust
ड + ड → ड्ड	हड्डी	हड्‌डी	Knochen
ड + ढ → ड्ढ	बुड्ढा	बुड्‌ढा	alter Mann

Weitere Beispiele für gestapelte Ligaturen finden sich im folgenden Abschnitt.

5.6 ङ, ञ und ज्ञ

5.6.1 ङ und ञ

Die Darstellung der Buchstaben ङ und ञ war mit ein Grund dafür, dass in dieser didaktisch orientierten Darstellung der Devanāgarī-Schrift auf eine Behandlung der Buchstaben nach dem System der traditionellen „vargas" verzichtet wurde. Schon bei den ersten beiden Konsonanten-Gruppen, den velaren und den palatalen Konsonanten trifft der Lernende bei einer solchen Gliederung auf die schwierig zu beschreibenden Grapheme ङ und ञ. Die Autoren, die dieser Anordnung folgen, behelfen sich mit Hinweisen wie den Folgenden:

"ङ ṅ used only with a velar consonant as in 'ink'; it is rarely seen in Hindi but included here for completeness." (Snell / Weightman 2008: 9).

An dieser Stelle, an der wir den größten Teil der Tour durch die Devanāgarī-Schrift hinter uns haben, bringen wir die Voraussetzungen mit, diese Zeichen zu verstehen.

Bei ङ und ञ handelt es sich um zwei n-Laute.

5.6.1.1 ङ /ŋ/

Devanāgarī-Symbol	ङ (nur in Verbindung mit einem velaren Konsonanten)[131]
Phonetische Transkription IPA	[ŋ]
Transliteration[132]	ŋ
Phonetische Beschreibung des Lautes	velarer Nasal
Ausssprachehinweis	wird wie im Deutschen ⟨ng⟩ in ⟨Ding⟩ [dɪŋ] gesprochen.

Beispiele:

Ligatur	Schreibung mit Anusvar	Transkription	verbreitete Transliteration	
रङ्ग	रंग	/raŋg/	raṅg	Farbe
अङ्क	अंक	/aŋk/	aṅk	Nummer, Ziffer

131 McGregor (1993) gibt wenige Ausnahmen wie कलिङ्दा (*Wassermelone*) oder वाङ्मय (*aus Wörtern bestehend, Literatur*) an.
132 Hunterian System: n; ISO: ṅ; Bhari: ṅ; Snell: ṅ. Phonetisch (IPA): [ŋ].

5.6.1.2 ञ / ɲ /

Devanāgarī-Symbol	ञ
Phonetische Transkription IPA	[ɲ] (nur in Verbindung mit einem palatalen Konsonanten, insbesondere mit [ʤ]). Siehe unten.
Transliteration[133]	ɲ
Phonetische Beschreibung des Lautes	palataler Nasal
Aussprachehinweis	Im Deutschen gibt es diesen Laut nicht. Er entspricht im Französischen ⟨gn⟩ in ⟨Cognac⟩ [kɔɲak] = *Stadt in Frankreich* oder im Italienischen ⟨gn⟩ in gnocchi [ɲɔkki] = *Nockerln, Gnocchi.*[134]

Beispiele:

Ligatur	Schreibung mit Anusvar	Transkription	verbreitete Transliteration	
अञ्चल	अंचल	/aɲʧal/	añchal	Region, Distrikt Überzug
पञ्जाब	पंजाब	/paɲʤa:b/	pañjāb	Punjab
पञ्छी	पंछी	/paɲʧʰi:/	pañchhī	Vogel

Die hier aufgeführten Ligaturschreibweisen kommen vor und sind auch belegbar. Sie sind jedoch relativ selten. Meist wird die Schreibung mit Anusvār verwendet. Die Zeichen ङ und ञ treten dabei nicht mehr in Erscheinung. Für eine korrekte Aussprache sollten die entsprechenden n-Laute [ŋ] und [ɲ] jedoch realisiert werden. Dies ist aber ohnehin durch den Prozess der antizipativen Assimilation gewährleistet. Die Artikulationsorgane stellen sich für die Artikulation des n-Lauts sozusagen schon auf die Qualität des kommenden Konsonanten ein. Solche Assimilations- und Koartikulationsphänomene sind in der Phonetik vieler Sprachen zu beobachten.

133 Hunterian System: n; ISO: ñ; Bhari: ñ; Snell: ñ. Phonetisch (IPA): [ɲ].
134 Die Aussprache im Deutschen gemäß DUDEN (2015: 88) lautet [njɔki].

5.6.2 ज्ञ [gjə]

Als weiteres Graphem kann hier nun ज्ञ behandelt werden.

ज्ञ ist eine Ligatur aus ज und ञ.
ज + ञ → ज्ञ

Im Hindi wird ज्ञ phonetisch transkribiert als [gjə] ausgesprochen. Dem entspricht die häufig zu findene Transliteration ist „gya".[135]

	Ligatur aus	Aussprache phonetisch	Transliteration
ज्ञ	ज + ञ	[gjə]	gja

Beispiele:

ज्ञान	[gja:n]	gjān	Wissen
यज्ञ	[jagjə]	jagja	religiöses Opfer

Bhari (1989) geht davon aus, dass die nasale Qualität des ञ sich im nachfolgenden Vokal durch eine Nasalierung auswirkt. यज्ञ (= *religiöses Opfer*) wird bei ihm also nicht „yagya" transliteriert sondern „yagyã". ज्ञान (= *Wissen*) stellt er als „gyā̃n" dar.

Snell (2004: viii) wählt als Transliteration jñ, setzt aber „pronounced gy" hinzu, z. B. „आज्ञा ājñā (pr. ‚āgyā')" (= *Befehl*). Es sei hier daran erinnert, dass Snell „y" für [j] schreibt.

ज्ञ wird zuweilen auch anders als [gj] ausgesprochen. Sprecher, die sehr am Sanskrit orientiert sind, Kumar (2013: 3) nennt sie „sanskritarians", verwenden die Aussprache [dʒɲ], in der Transliteration jñ.[136] Aufgrund dieser Differenzen findet sich auch in westlichen Texten über Yoga sowohl die Transliterationen „Jnana Yoga" und „Gyanyog(a)" (seltener „Gyanayog[a]"). Dabei ist „Gyanyog(a)" offenbar von angelsächsischen Transkriptionsgewohnheiten geprägt. Für das Deutsche würde eher die Schreibweise „Gjanjog(a)" passen.

135 Hunterian System: gy; ISO: jñ; Bhari: gy(ã); Snell: jñ pronounced gy. Phonetisch (IPA): [gj]. – McGregor hat die Transliteration jñ.
136 [dʒɲ] ist die Aussprache im Sanskrit. Siehe Montaut (2004: 19).

5.7 Sonstige Zeichen

5.7.1 Visarg ः /h/

Der Visarg ist ein Zeichen, das dem Doppelpunkt in der deutschen Orthographie ähnlich sieht. Das Zeichen repräsentiert einen stimmlosen, glottalen, d. h. an der Stimmritze (Glottis) gebildeten Frikativ (Reibelaut). Er kommt nur nach Vokalen vor. Die Aussprache ist wie ⟨h⟩ in dt. ⟨hat⟩ [hat] und unterscheidet sich damit bei sorgfältiger Artikulation nicht vom ह. In weniger genauer Aussprache wird der Visarg nicht realisiert; dafür wird der nachfolgende Konsonant verdoppelt.[137]

Beispiel:
दुःख (= *Unglück, Leid*)
दुःख sorgfältige Aussprache [duhkʰ]
weniger sorgfältige Aussprache [dukkʰ]

Diese Aussprachevarianten spiegeln sich auch zuweilen in der Orthographie wider. So bietet Bahri (1989) die folgenden beiden alternativen Schreibweisen an.

दुःसह duhsah und दुस्सह dussah (= *unerträglich*)

Der Visarg kommt nur in Wörtern vor, die aus dem Sanskrit stammen. Es gibt auch Schreibvarianten, in denen das ह am Wortauslaut durch einen Visarg ersetzt wird.

छः statt छह (= *sechs*)

Der Visarg hat keine Oberlinie. Das wird besonders sichtbar, wenn das Zeichen in der Mitte des Wortes vorkommt wie in निःश्वास (= *Seufzer*). Die am häufigsten verwendete Transliteration ist ḥ.[138]

Weitere Beispiele:

ः /h/	वस्तुतः	/vastutah/	in Wirklichkeit
	स्वतः	/svatah/	von alleine, selbstständig
	प्रातः	/pra:tah/	Morgen
	क्रमशः	/kramʃah/	schrittweise
	निःश्वास	/nihʃva:s/	Ausatmung, Seufzer

137 Siehe Pořízka (1963: 38 f.).
138 Hunterian System: h; ISO: h; Bhari: ḥ; Snell: ḥ. Phonetisch (IPA): [ɦ].

5.7.2 Avagraha ऽ

Das Zeichen ऽ dient im Hindi dazu, lang gedehnte Laute zu markieren, wie sie etwa in Ausrufen vorkommen, z. B. माँऽऽऽ! für 'Mãããã! (= Maaaama!) oder ओऽऽऽऽ (= Ohoooo!), हेऽऽऽऽ (= Ohoooo!).

Bei Liedertexten findet ऽ auch zur Darstellung lang gesungene Vokale Verwendung:

„सितारे ऽऽऽ अपनी रौशनी लुटा"
(= die Sterneeee haben ihr Licht verschwendet)[139]

5.7.3 ॐ

Das Zeichen ॐ kann als zusätzliches Zeichen der Hindi-Schrift angesehen werden.

क्या ॐ सूर्य की ध्वनि है?
(Ist Om der Klang der Sonne?)

5.7.4 Interpunktion

5.7.4.1 Satzschlusszeichen

Das Satzschlusszeichen ist im Hindi ein Strich „।".

मेरा नाम राम है ।
(Mein Name ist Ram.)

नाम दिल्ली से है ।
(Ram kommt aus Delhi.)

In vielen Medien wird jedoch heute auch ein Schlusspunkt wie im Englischen verwendet.

उन्होंने कहा कि महागठबंधन अटूट है.[140]
(Sie sagten, dass die Große Koalition unverbrüchlich sei.)

Ansonsten folgt die Interpunktion vielfach den Konventionen des Englischen.

139 https://www.lyricsindia.net/songs/308
140 http://www.prabhatkhabar.com/news/patna/tejashwi-blames-pm-modi-amit-shah-for-graft-allegations-will-not-resign/1020673.html

5.7.4.2 Punkte bei Abkürzungen

Bei Abkürzungen verwendet man im Hindi statt eines Punktes die Ziffer Null ०.

Beispiele:

न०	मोबाइल न०	Mobile Nr.
	फोन न०	Telefon Nr.
उ० प्र०	उत्तर प्रदेश	Uttar Pradesh
यू० पी०		UP Uttar Pradesh
एम० ए०		M.A. (akademischer Grad)
पं०	पण्डित / पंडित	(Pandit, Gelehrter)
पं० जवाहरलाल नेहरू	पंडित जवाहरलाल नेहरू	Pandit Jawaharlal Nehru
डा०	डाक्टर	Dr.
डा० भीमराव अम्बेडकर		Dr. Bhimrao Ambedkar

5.7.5 Ziffern १ २ ३ ४ ५ ६ ७ ८ ९ ०

In modernen Medien gebraucht man die Arabischen Ziffern wie im Deutschen. Daneben werden nach wie vor die Zahlzeichen verwendet, die im Hindi eigentlich üblich sind.

1	2	3	4	5	6	7	8	9	0
१	२	३	४	५	६	७	८	९	०

5.8 Alphabetische Ordnung

Das Hindi-Alphabet beginnt mit den Vokalen:
अ आ इ ई उ ऊ ऋ ए ऐ ओ औ

Dann kommen die Konsonanten.
क ख ग घ ङ   च छ ज झ ञ   ट ठ ड ण   त थ द ध न   प फ ब भ म
य र ल व   श ष स ह

Innerhalb der einzelnen Buchstaben werden immer zunächst die Kombinationen des Buchstabens mit Anusvār oder Chandrabindu aufgeführt.

Die Wortliste für क beginnt also bei McGregor (1993) mit कंक (= *Reiher*) und bei Bahri (1989) mit कंकड़ (= *Kiesel*).

Nukta-Zeichen werden wie Buchstaben ohne Punkt in die alphabetische Reihenfolge eingegliedert.

So sieht die Abfolge der Lemmata bei McGregor (1993: 173) wie folgt aus: करी, क़रीना, क़रीब, क़रीबन, करीम, करुणा usw.

5.9 Devanāgarī für Sanskrit und Marathi

Im Folgenden sollen kurz die Zeichen der Devanāgarī Schrift vorgestellt werden, die nur im Sanskrit bzw. Marathi verwendet werden.

Dies soll nur soweit geschehen, wie es notwendig ist, mögliche Verwechslungen zu vermeiden.

Für das Sanskrit sind hier lediglich zwei zusätzliche Buchstaben anzuführen. Es handelt sich dabei um einen retroflexen r- bzw. l-Laut.

Devanāgarī-Symbol	abhängig	Transliteration IAST	Transliteration ISO	phonetische Transkription
ॠ	◌ॄ	ṝ	r̥	[ɻ̩ː]
ऌ	◌ॢ	ḷ	l̥	[ɭ̩]

Das dritte Zeichen, das zuweilen aufgeführt wird, ist ॡ (l̥̄). Dieser Buchstabe kommt in Sanskrit-Texten jedoch nicht vor und ist nach Friedrich (1999: 36) „eine Erfindung der indischen Grammatiker".

Hier sei zur Aussprache von ऋ, ॠ und ऌ nochmals Lehmann (2007: 2 f.) zitiert:

> „Was hier als konsonantische Vokale (d. h. konsonantisch anklingende Vokale) bezeichnet wird, sind syllabische Konsonanten, die von der einheimischen Sanskrit-Grammatik zu den einfachen Vokalen gezählt werden. Ursprünglich waren wohl ṛ und ṝ Vokale mit einem konsonantischen Nachklang. Heutzutage werden ṛ und ṝ wie Konsonanten mit einem vokalischen Nachklang von ‚i' oder ‚u' ausgesprochen. [...] So spreche man ṛ wie dt. ‚ri' in ‚Ring' und ṝ wie dt. ‚rie' in ‚Riese'. [...]
>
> In gleicher Weise erschien wohl der syllabische Lateral ḷ ursprünglich als Vokal mit lateralem Nachklang. Im heutigen klassischen Sanskrit wird ḷ ebenfalls als Konsonant mit vokalischem Nachklang ausgesprochen: und zwar wahlweise wie dt. ‚li' oder ‚lri'."

Marathi wird in Devanāgarī-Schrift geschrieben. Es hat wie das Sanskrit, im Gegensatz zum Hindi, einen retroflexen l-Laut. Dieser Laut wird in Marathi als ळ geschrieben. Genauer gesagt handelt es sich um einen retroflexen, lateralen Flap. Bei IPA hat dieser Laut kein eigenes Symbol. Er wird jedoch oft als ɭ̆ transkribiert.[141]

141 Als retroflexer Flap hat er artikulatorische Ähnlichkeit mit ड़ im Hindi. Die Zunge geht jedoch etwas weiter zurück. (Vgl. https://www.quora.com/How-do-I-teach-North-Indians-to-pronounce ळ)

Beispiel:

दिवाळी	Divali Fest
धूळ	Staub
पिवळे	gelb.[142]

Als weitere Besonderheit hat das Marathi die zusätzlichen Buchstaben य़ und ऱ mit Punkten.

Beispiele (Marathi):

य़शस्वी	(*erfolgreich*)
ऱाव	(*reicher Mann*)[143]

Auf Darstellung weiterer Einzelheiten soll hier verzichtet werden.[144] Dem Lernenden sollte nur so viel deutlich werden, dass es sich bei den hier vorgestellten Zeichen nicht um Grapheme des Hindi handelt, sondern um Adaptionen der Devanāgarī-Schrift an die besonderen phonologischen Gegebenheiten einer anderen Sprache.

5.10 Schreibung englischer Vokale

Zur Schreibung englischer Vokale gibt es im Hindi zwei Zeichen: ऑ, abhängig ॉ und ऍ, abhängig ॅ. ऑ trifft man zur Repräsentation oder Transliteration des gerundeten offenen Hinterzungenvokals ɒ relativ häufig an.

Beispiele:

ऑस्ट्रेलिया	Australia	[ɒstɹeɪliːə]
डॉक्टर	Doctor	[dɒktə]
जॉब	job	[d͡ʒɒb]
हॉकी	hockey	[hɒki]
जॉन	John	[dʒɒn]

Zuweilen steht ॉ auch für den gerundeten halboffenen Hinterzungenvokal /ɔ/ z. B. in कॉफ़ी engl. [kɔfɪ]; Hindi [kɔfiː].

Hier wird das graphemische Prinzip dieser Schreibweisen deutlich:

Das Hindi hat ओ für [oː] und औ für [ɔː]. Beide Vokale sind phonetisch lang.

142 Beispiele aus Berntsen (1975).
143 Beispiele aus http://www.shabdkosh.com/mr/.
144 Eine weitere Darstellung anderer phonetischen und orthographischen Besonderheiten des Marathi soll hier nicht unternommen werden.

Als Darstellung für eine in der Fremdsprache auftretende kurze Aussprache dieser beiden Vokale bzw. ähnlicher Laute wird nun das diakritische Brevis-Zeichen ॅ auf der Oberlinie gewählt.

ऑ steht also sowohl für [ɒ] als auch für [ɔ].

Entsprechend gibt die Wikipedia in Hindi ॉ in den Transliterationen für folgende Wörter aus dem Englischen an:

नॉट (*not*) [nɒt]
बॉल (*ball*) [bɔl][145]
फॉर (*for*) [fɔː(ɹ)]

Das ऍ (abhängig ॅ) kommt wesentlich seltener vor. Die phonetisch-graphemischen Bedingungen sind aber analog zu ऑ zu verstehen.

Das Hindi hat ए für [eː] und ऐ für [ɛː]. Beide Vokale sind, bei aller Variation in der Aussprache, phonetisch lang. Ähnliche, fremdsprachige Laute wie [e] und [æ] werden nun hinsichtlich der Qualität „kurz" wahrgenommen und durch eine Hinzufügung des Kürze-Zeichen ॅ auf dem ए transkribiert. ऍ steht also sowohl für kurzes e [ĕ] als auch für [æ].

Beispiele:

ऍल्युमिनियम engl. *aluminium*, engl. [æl(j)ʊmɪnjəm]; Transkription Hindi: ĕlyuminiyam[146]
पॅन कार्ड engl. [pæn kɑːd] PAN-Card (eine Art Personalausweis).
पॅन als Transliteration für engl. ⟨pen⟩ /pɛn/ (*Stift, Federhalter*).[147]

145 ⟨football⟩ engl. /fʊtbɔːl/, /fʊtbɔl/, wird im Hindi ziemlich konsequent als फुटबॉल geschrieben.
146 Wiktionary English: https://en.wiktionary.org/wiki/ऍल्युमिनियम.
147 Siehe „ऍ" in Wikipedia Hindi. https://hi.wikipedia.org/wiki/%E0%A4%8D.

6.1 Das inhärente /a/ bzw. /ə/

6.1.1 Tilgung des inhärenten /a/ bzw. /ə/

Jedes Konsonantenzeichen enthält einen inhärenten Schwa-Laut /ə/. क steht also lautliche für /kə/, त für /tə/ usw. Das wurde in 1.1.2.2 schon dargestellt. Dort wurde ebenfalls schon erwähnt, dass dieses inhärente Schwa am Wortende wegfällt. Für weitere Regeln, die für die Tilgung des Schwas gelten, wurde dort auf das vorliegende Kapitel verwiesen.

Im Folgenden soll also nun der Versuch unternommen werden, Bedingungen aufzuzeigen, unter denen das /ə/ nicht gesprochen wird. Man wird Snell (2003: 67) zustimmen müssen, wenn er schreibt, dass es schwierig ist eine „wasserdichte Regel" aufzustellen. Dazu sind die lautlichen (phonologischen) Verhältnisse und die Silbenbaugesetze im Hindi zu komplex.[148] Weiterhin verhalten sich auch nicht alle Sprecher (insbesondere bei Lehnwörtern aus dem Sanskrit und dem Persisch-Arabischen) hinsichtlich der Aussprache des Schwas gleich. Es gibt große Unterschiede je nach Herkunft, Bildungsgrad und Sprechgeschwindigkeit.

Mit folgenden Regeln[149] wird man jedoch einen großen Teil der Fälle, in denen das /ə/ (/a/) getilgt wird bzw. erhalten bleibt, erfassen können.[150]

REGEL R1
Das inhärente /a/ von Konsonanten, die am Wortende stehen, wird nicht ausgesprochen.

Beispiele:

		nicht	
तक	/tak/	/tak**a**/	bis
दिन	/din/	/din**a**/	Tag
रात	/rɑːt/	/rɑːt**a**/	Nacht

148 Linguistisch interessierte Leser seien auf Bharati (1988) verwiesen. Die Arbeit zeigt, dass die Beschreibung der Schwa-Tilgung nicht allein auf der phonologischen Ebene gelöst werden kann, sondern ein Ansatz notwendig ist, der die Silbenstruktur und morphophonemische Fakten berücksichtigt. Siehe Bharati (1988: Kapitel 5, insbesondere Bharati (1988: 195–212).

149 Die folgende Darstellung orientiert sich an Pořízka (1963: 45–50). Weiterhin einbezogen wurden Snell (2003: 67–69), Kumar (1994: 8 f.) und Fornell / Liu (2010: 5–7). Wir folgen Pořízka (1963) auch hinsichtlich seiner Praxis, lieber zwei oder mehr Regeln zu formulieren, die leichter verständlich sind, als eine Regel aufzustellen, die allgemeiner und damit technisch eleganter ist, die aber intuitiv nicht so leicht erfasst werden kann.

150 Der Einfachheit wegen schreiben wir statt [ə] (wie es nach IPA üblich wäre) /a/.

Ausnahmen zu R1
a) A1 zu R1: R1 gilt nicht bei Einsilblern wie न und व.

i) न [nə] = *nicht, weder ... noch*
Beispiele: यह अख़बार न पढ़ो । — Lies diese Zeitung nicht!
न सरदी न गरमी । — weder kalt noch warm

ii) व [ʋə] = *und*
Nicht alle Varietäten des Hindi haben व.[151]
Beispiele: मैं घर पर रहूँगा **व** कुछ काम करूँगा.।[152]
Ich werde zuhause bleiben und etwas arbeiten.
चीन **व** पाकिस्तान — China und Pakistan
किशमिश **व** मुनक्के — Rosinen und Sultaninen

Die Ausnahme zur Regel 1 kann auch allgemeiner formuliert werden:

A1*: R1 gilt nicht in der ersten Silbe eines Wortes.[153]

b) A2 zu R1: Das inhärente /a/ von Konsonanten am Wortende bleibt als besonders kurz gesprochenes /a/ (IPA Transkription [ă]) erhalten, wenn das Wort mit einer Ligatur endet, deren zweites Element र, व, ल oder य ist.

		nicht			
	Nach Regel A2 zu R1		McGregor	Bahri	
विश्व	/viʃvă/	/viʃv/	viśvă	vishva	Welt
काव्य	/ka:vjă/	/ka:vj/	kāvyă	kāvya	Poesie, Gedicht
मंत्र	/mantră/	/mantr/	mantră	mantra	heiliger Vers, Mantra
अम्ल	/amlă/	/aml/	amlă	amla	Säure

151 व wird z.B. in Kumar (1994: 261) als kopulative Konjunktion aufgeführt. Auch http://www.shabdkosh.com/ gibt व mit der Bedeutung „und" an.
152 Kumar (1994: 261); die beiden anderen Belege sind aus dem Internet.
153 Pořízka (1963: 45) weist jedoch darauf hin, dass ख़याल (*Meinung*) nicht nur /khaja:l/ ausgesprochen werden kann, sondern auch als /khja:l/.

Die Transliteration ist nicht einheitlich. Wie man oben sieht, gibt das Lexikon von McGregor das kurze /ă/ an; bei Bahri steht /a/.

Nach der Ausnahme 2 zur Regel 1 haben wir bei Wörtern auf /r/ und /l/ am Wortende /ă/. McGregor gibt jedoch bei vielen Wörtern mit Ligaturen, die auf /r/ oder /l/ enden, kein /ă/ an.

		nicht			
	nach AR2		McGregor	Bahri	
पत्र	/patră/	/patr/	patr	patra	Brief
मित्र	/mitră/	/mitr/	mitr	mitra	Freund
छात्र	/ʤa:tră/	/ʤa:tr/	chātr	chhātra	Student
शक्ल	/ʃaklă/	/ʃakl/	śakl	shakla	Form

REGEL R2
Am Ende eines Wortstamms fällt das inhärente /a/ vor einfachen Konsonanten weg, wenn darauf ein Suffix oder ein anderer Wortbaustein folgt, der mit einem Konsonanten beginnt. Das Suffix oder der Wortbaustein müssen eine Silbe bilden.

Man kann sich die Regel so erklären, dass die Grenze des Wortbausteins (Morphemgrenze) wie ein Wortende wirkt und so die Regel R1 zur Anwendung kommt. Die Morphemgrenze wird in den folgenden Beispielen mit # markiert.

a) Beispiele: Bildungen mit -दान (= *Behälter*):

			nicht	
फूलदान	फूल#दान	/phu:lda:n/	/phu:l**a**da:n/	Blumenvase
पानदान	पान#दान	/pa:nda:n/	/pan**a**da:n/	Behälter für Panblätter
कलमदान	कलम#दान	/kalamda:n/	/kalam**a**da:n/	Behälter für Federhalter

Erklärung: फूलदान: mit फूल ist ein Wortbaustein beendet. Deshalb wird das /a/ am Morphemende getilgt. Der darauf folgende Wortbaustein -दान hat Silbencharakter. Deshalb kann das /a/ nach फूल getilgt werden. Es wird nicht /phu:lada:n/ gesprochen.

b) Beispiele: Ableitungen mit पन (-pan). Dieser Wortbaustein macht aus Adjektiven abstrakte Substantive, ähnlich wie dt. „*-heit*"

			nicht	
पागलपन	पागल#पन	/pa:galpan/	/pa:gal**a**pan/	Verrücktheit पागल (*verrückt*)
ढीठपन	ढीठ#पन	/ɖhi:ʈhpan/	/ɖhi:ʈh**a**pan/	Dreistigkeit ढीठ (*barsch, grob*)

c) Diese Regel gilt auch bei Wortzusammensetzungen.[154]

			nicht	
आरामकुर्सी	आराम#कुर्सी	/a:ramkursi:/	/a:ram**a**kursi:/	Sessel आराम (*Ruhe*) कुर्सी / कुरसी (*Stuhl*)
बैलगाड़ी	बैल#गाड़ी	/bælga:ɽi:/	/bæl**a**ga:ɽi:/	Ochsenkarren बैल (*Ochse*) गाड़ी (u. a. *Karren*)
टिकटघर	टिकट#घर	/ʈikatghar/	/ʈikat**a**ghar/	Fahrkartenschalter टिकट (*Fahrkarte*) घर (*Haus*)

REGEL R3
Bei Wörtern mit drei Silbenzeichen wird das inhärente /a/ eines Konsonanten unter folgenden Bedingungen nicht gesprochen:
1) Der Konsonant steht im <u>zweiten</u> Silbenzeichen des Wortes und das dritte Silbenzeichen enthält einen langen Vokal.
2) Das zweite oder dritte Silbenzeichen enthält keine Ligatur.

Beispiel:

		nicht	
तीसरा	/ti:sra:/	/ti:s**a**ra:/	dritter, dritte, drittes

Man spricht /ti:sra:/ und nicht */ti:sara:/. Das /a/ wird getilgt, weil स in einem Wort mit drei Silbenzeichen steht, in der dritten Silbe der Vokal /a:/ bzw. ◌ा vorkommt, und weder im ersten noch im zweiten Silbenzeichen

154 Das Hindi hat nicht so viele Wortzusammensetzungen wie das Deutsche (vgl. Kachru [2006: 119]), sie kommen jedoch durchaus vor. Häufig werden sie mit Bindestrich geschrieben wie z. B. माता-पिता (*Eltern*) oder नेत्र-जल (*Träne*) नेत्र (*Auge*); जल (*Wasser*).

eine Ligatur vorkommt; nachfolgend eine vereinfachte Darstellung in einem Schaubild:

ती	स	रा
ti:	s	ɾa:
erstes Silben-zeichen	Schwa-Laut wird getilgt, weil das dritte Sil-benzeichen einen lan-gen Vokal enthällt.	Das dritte Silbenzei-chen enthält den langen Vokal /a:/.

Weitere Beispiele:

		nicht	
लोमड़ी	/lo:mɽi:/	/lo:m**a**ɽi:/	Fuchs
सरदी	/sardi:/	/sar**a**di:/	Kälte
चमड़ी	/chamɽi:/	/cham**a**ɽi:/	Haut
मछली	/mat͡ʃʰli:/	/mat͡ʃʰ**a**li:/	Fisch

Mit dieser Regel kann man die Aussprache von Verbformen von Verben erklären, deren Stamm auf einen Konsorten endet wie z. B.:
बोलना /bo:lna:/ (*sprechen*), करना /karna:/ (*machen, tun*), देखना /dekhna:/ (*sehen*), हँसना /hãsna:/ (*lachen*) usw.

Im zweiten Silbenzeichen fällt das /a/ weg, weil im dritten Silbenzeichen der lange Vokal /a:/ steht. Es wird also nicht */bolana:/, sondern /bolna:/ gesprochen.

Das gilt natürlich nicht nur für die Infinitivformen mit -ना, sondern auch für andere Endungen wie z. B. -ता, -ती, -ते für die Bildung des Partizip Präsens:
वह हिंदी बोलता है । (*Er spricht Hindi.*); वह हिंदी बोलती है । (*Sie spricht Hindi.*); वे हिंदी बोलते हैं । (*Sie sprechen Hindi.*).

Diese Regel findet auch bei der Bildung des Partizip Perfekts Anwendung, das durch das Anhängen von -आ, -ए, -ई, -ईं an den Stamm gebildet wird. Durch diese Endungen steht ein langer Vokal in der dritten Silbe. Dadurch wird das /a/ in der zweiten Silbe getilgt.

Infinitiv	Partizip Perfekt	Aussprache	nicht	
निकलना /nikalna:/	निकला	/nikla:/	/nik**a**la:/	herausgekommen

Die zweite Bedingung für die Tilgung des /a/ in Regel 3 soll nochmals wiederholt werden. Sie lautet

2) Das zweite oder dritte Silbenzeichen enthält keine Ligatur.

Liegt diese Bedingung nicht vor, so wird /a/ nicht getilgt.

Beispiel:

		nicht	
नमस्ते	/namaste/	/namste/	Grußformel

Man spricht /namaste/. Die Regel R3 1) würde das /a/ von /ma/ löschen. Da die Regel aber nicht zur Anwendung kommt, wenn eine Ligatur folgt, bleibt das /a/ erhalten. Hier nochmals das Beispiel in einem Schaubild:

न	म	स्ते
nə	mə	ste
Erstes Silbenzeichen. Im ersten Silbenzeichen wird das /ə/ bzw. das /a/ nie getilgt.	Zweites Silbenzeichen behält den Schwa-Laut, da das dritte Silbenzeichen mit einer Ligatur beginnt.	Das dritte Silbenzeichen beginnt mit der Ligatur स्ते.

Weitere Beispiele:[155]

		nicht	
उस्तरा	/ustara:/	/ustra:/	Rasiermesser
समस्या	/samasja:/	/samsja:/	Problem

155 McGregor gibt „ustrā“ aber „samasyā“ als Transliteration an.

REGEL R4
Bei Wörtern mit vier oder mehr Silbenzeichen wird das inhärente /a/ eines Konsonanten im <u>zweiten</u> Silbenzeichen nicht gesprochen.

		nicht	
फिसलन	/phislan/	/phis**a**lan/	Schlüpfrigkeit
जनवरी	/ʤanvari:/	/ʤan**a**vari:/	Januar
नवरस	/navras/	/nav**a**ras/	„neun Gefühle"
सरसरी	/sarsari:/	/sar**a**sari:/	flüchtig, kursorisch

Hier nochmals das Beispiel जनवरी in einem Schaubild:

ज	न	व	री
ʤə	n	və	ri
Erstes Silbenzeichen. Schwa-Laut wird gesprochen.	Zweites Silbenzeichen. Schwa-Laut wird getilgt.	Drittes Silbenzeichen. Schwa-Laut bleibt erhalten.	Viertes Silbenzeichen.

REGEL R5 [156]
Bei Wörtern mit vier Silbenzeichen wird das inhärente /a/ eines Konsonanten im zweiten Silbenzeichen nicht gesprochen.

Beispiele:

		nicht	
चमचम	/ʧamʧam/	/ʧam**a**ʧam/	indische Süßigkeit
हलचल	/halʧal/	/hal**a**ʧal/	Aufregung, Tumult

156 Die Regel 5 und die entsprechenden Beispiele stammen aus Kumar (1994: 8 f.).

Ausnahmen zu R5

a) A1 zu R5
Bei Wörtern mit vier Silbenzeichen wird das inhärente /a/ eines Konsonanten im zweiten Silbenzeichen gesprochen, wenn das zweite Silbenzeichen eine Ligatur ist, die auf /a/ endet.

Beispiele:

		nicht	
नेत्रहीन	/netrahi:n/	/netrhi:n/	blind, ohne Augen
सत्यकाम	/satyaka:m/	/satyka:m/	Anhänger der Wahrheit, (auch als Eigennamen) wahrheitsliebend

b) A2 zu R5
Bei Wörtern mit vier Silbenzeichen wird das inhärente /a/ eines Konsonanten im zweiten Silbenzeichen gesprochen, wenn die erste Silbe ein Präfix ist.

Beispiel:[157]

		nicht	
प्रचलन	/pr**a**t͡ʃalan/	/prt͡ʃalan/	Währung, Mode

REGEL R6[158]
Bei Wörtern mit vier oder mehr Silbenzeichen wird das inhärente /a/ eines Konsonanten im dritten Silbenzeichen nicht gesprochen, wenn das Wort auf einen langen Vokal endet.

		nicht	
समझना	/samadʒhna:/	/samadʒh**a**na:/	verstehen
मचलना	/matʃalna:/	/matʃal**a**na:/	quengeln (um etwas zu bekommen), nörgeln

157 प्र- ist im Hindi ein produktives Präfix. Siehe McGregor „प्र pra-[S.], pref. 1. forward, forth (e.g. प्रभाव, m. influence; प्रपौत्र, m. great-grandson)" Auch: प्रगति /pragati/ (*Fortschritt*). Das von Kumar (1994: 9) angegebene Beispiel आरक्षण /a:rkʃaɳ/ (*Reservierung*) passt hier nicht, da आ- im Hindi kein Präfix ist. Als Präfix funktioniert nur अ- z. B. in असुंदर (*unschön*) oder अनाम (*namenlos*).
158 Die Regel wurde übernommen aus Kumar (1994: 9).

Hier nochmals das Beispiel समझना in einem Schaubild:

स	म	झ	ना
sə	mə	dʒh	na:
Erstes Silben- zeichen. Schwa-Laut wird gesprochen.	Zweites Silben- zeichen. Schwa-Laut wird ge- sprochen.	Drittes Silben- zeichen. Schwa-Laut wird getilgt, da im vier- ten Silben- zeichen ein langer Vokal steht.	Viertes Silben- zeichen enthält den langen Vokal /a:/.

6.1.2 /a/ als Sprossvokal

In 6.1.1 wurde versucht, Regeln anzugeben, die die Tilgung von /a/ steuern. Es gibt jedoch auch den umgekehrten Prozess, d.h. /a/ wird in Konsonanten-Verbindungen eingesetzt, um eine bessere und leichtere Aussprache zu erreichen.

Neben /a/ können dazu auch andere Vokale dienen. Dieser Prozess der Einfügung eines /a/ ist vor allem bei saloppem, umgangssprachlichem Sprechen zu finden, und gehört nicht zum Standard-Hindi. Solche Formen sind jedoch im Alltag häufig zu hören.

Die folgenden Beispiele stammen aus Bharati (1988: 217–225):

		Aussprache umgangs- sprachlicher Substandard	
भ्रम	/bhram/	/bh**a**ram/	Illusion, Verwirrung
बर्फ़	/barf/	/bar**a**f/	Schnee

Bei manchen Konsonanten-Clusters die mit /s/ beginnen, wird bei der Aussprache im Substandard ein /i/ vorangestellt, d.h. es wird /isk/ statt /sk/ gesprochen.

		Aussprache umgangssprachlicher Substandard	
स्कूल	/skul/	/iskul/	Schule
स्नान	/sna:n/	/isna:n/	Bad
स्पर्श	/sparʃ/	/isparʃ/	Berührung

Fornell/Liu (2010: 7) weisen darauf hin, dass in der Umgangssprache bei Lehnwörtern aus dem Sanskrit und bei Fremdwörtern ein kurzes /ă/ eingeschoben wird, wenn das Wort mit einer Konsonantengruppe Konsonant + Nasal endet.

Diese Aussprache ist jedoch nicht bei allen Sprechern des Hindi anzutreffen. Betrachten wir zunächst Beispiele von Fornell/Liu (2010: 7).

Beispiele:[159]

	Standard	umgangssprachlich	
कर्म	/karm/	/karăm/	Tat, Karma
जन्म	/janm/	/janăm/	Geburt
धर्म	/dharm/	/dharăm/	Glaube, Religion

Die folgende Tabelle zeigt, dass Wörter wie **कर्म**, **जन्म**, **धर्म** oder **उम्र** in verschiedenen Lexika oder Einführungen unterschiedlich transkribiert werden. Das lässt auf entsprechende Aussprachevarianten schließen.

	Bahri	Snell	McGregor
कर्म	karma	karm (2004); karmă (2003)	karm
जन्म	janma	janma (2004); janmă, janam (2003)	janm
उम्र	umra	umra (2004); umra, umar (2009); umr, umar (2008)	umr
धर्म	dharma	dharm	dharm

Bei Wörtern, wie **उम्र** (*Alter*), **सब्र** (*Geduld*), **नम्र** (*demütig*), **फ़िक्र** (*Sorgen*), die aus dem Urdu stammen, konkurrieren drei Aussprachearten:

159 Hierbei handelt es sich um Wörter, die aus dem Sanskrit kommen.

सब्र /sabr/ (McGregor): urdu-affine Sprecher oder Aussprache bildungsbewusster Sprecher.

सब्र /sabra/ (Bahri) oder /sabră/: modern Aussprache von Sprechern, die mit Urdu nicht vertraut sind.[160]

सब्र /sabar/: saloppe Ausdrucksweise mit Sprossvokal.

सबर /sabar/ (Shabdokosh.com): Schreibung, die der Aussprache mit Sprossvokal folgt.

6.2 Nochmals Anusvār

In den Kapitel 1 bis 5 haben wir alle Devanagari-Buchstaben kennengelernt. Das erlaubt es und jetzt, die Verwendung des Anusvārs zur Markierung eines Nasals in einer Konsonantenabfolge genauer zu beschreiben. In 3.3.2 wurde schon erwähnt, dass in der Abfolge

nasaler Konsonant + Verschlusslaut

der nasale Konsonant nur dann durch einen Anusvār ं ersetzt werden kann, wenn der nasale Konsonant und der Verschlusslaut an der gleichen Stelle im Mund gebildet werden. Dies kann nun, da wir alle Konsonanten mit ihren Artikulationsstellen vorgestellt haben, genauer ausgeführt werden.

In fast allen Darstellungen des Hindi werden die Konsonanten nach dem traditionellen Schema der Sanskrit-Grammatik behandelt.[161]

Nach diesem Schema lassen sich ein großer Teil der Konsonanten zu Gruppen zusammenfassen, die traditionell „vargas" genannt werden.[162] Die Klassen sind phonetisch gut motiviert. Wir werden hier darauf verzichten, die traditionellen Namen der Gruppen vorzustellen und orientieren uns an den modernen phonetischen Kategorien. Wir folgen aber der Anordnung der „vargas". Ihre Reihenfolge ist so aufgebaut, dass zuerst die velaren Konsonanten dargestellt werden und dann die palatalen, dann die postalveolaren (retroflexen) und schließlich die dentalen und bilabialen Konsonanten. Es wird also mit den Konsonanten begonnen, bei denen die Artikulationsstelle am weitesten hinten im Mundraum liegt; jede weitere

160 „Sabra to me is a modern way of pronunciation by those not familiar with Urdu pronunciation who possibly learned the word from print." tonyspeed. Forumsbeitrag unter https://forum.wordreference.com/threads/hindi-सब्र-vs-सबर.3162766/ – Die Diskussion in diesem Forum zeigt, wie unterschiedlich die Auffassungen einzelner Sprachbenutzer zur Aussprache dieser Wörter sein können.

161 Das Schema wird im Anhang vorgestellt. Siehe 8.2.

162 Varga von Sanskrit वर्ग (= *Klasse, Gruppe*).

Gruppe wird etwas weiter vorne gebildet. Die bilabialen Konsonanten als letzte Gruppe, die diesem Ordnungsprinzip folgt, werden vorne mit den Lippen artikuliert.

Wir beginnen zur Wiederholung zunächst nochmals mit den dentalen Konsonanten, da wir diese in 3.3.2 schon kennengelernt haben.

Devanāgarī	त	थ	द	ध,	न
nach unserer Transkription	/ta/	/tha/	/da/	/dha/	/na/
IPA	t̪ə	t̪ʰə	d̪ə	d̪ʱə	n̪ə

Die dentalen Konsonanten sind durch ihren Artikulationsort gekennzeichnet. Dieser Ort sind die Zähne. Bei der Bildung der Laute liegt die Zungenspitze an den Zähnen. Da man die Zungenspitze „apex" nennt, ist der genauere Namen „apiko-dental". Die einzelnen Mitglieder der Gruppe unterscheiden sich nach ihrer Artikulationsart. So ist das /da/ im Gegensatz zum /ta/ stimmhaft und klingt, wie im Deutschen, weicher.[163] Der Laut /dha/ ist im Gegensatz zu /da/ behaucht usw. Das [n̪] ist ein Nasal, d.h. Konsonant, bei dem der Mundraum verschlossen wird, so dass der Luftstrom durch den Nasenraum strömt. Dental ist [n̪], weil der Artikulation die Zungenspitze an den Zähnen liegt.

Um jetzt zu der Verwendung des Anusvār zurückzukommen: Der Anusvār kann für /n/ stehen, wenn der nachfolgende Konsonant genau wie der Nasal von der Artikulationsstelle her dental ist; man sagt auch, wenn der Nasal und der entsprechende Konsonant „homorgan" sind, d.h. an der gleichen Artikulationsstelle gebildet werden. Die Beispiele aus dem Kapitel 3.3.2 waren:

सुन्दर = सुंदर

हिन्दी = हिंदी

कन्धा = कंधा

Wir fassen zusammen: Anusvār kann für einen dentales [n̪] stehen, wenn der nachfolgende Verschlusslaut ebenfalls dental ist, d.h. aus der gleichen Klasse kommt, wie der n-Laut.

Analog verhält es sich bei den anderen Konsonantengruppen.

163 Es sei daran erinnert, dass der deutsche d-Laut nicht dental, sondern alveolar ist, d.h. die Zungenspitze berührt den Zahndamm. Beim [d̪] im Hindi liegt die Zungenspitze an der Rückseite der oberen Schneidezähne. Außerdem hat das [d̪] im Hindi keine Behauchung.

1) Die Gruppe der velaren Konsonanten

Devanāgarī	क	ख	ग	घ	ङ
nach unserer Transkription	/k/	/kh/	/g/	/gh/	/ŋ/[164]
	आतंक /a:taŋk/ Schreck, Panik	पंखा /paŋkha:/ Ventilator	गंगा /gaŋga:/ Ganges	कंघी /kaŋghi:/ Kamm	

2) Die Gruppe der palatalen Konsonanten

Devanāgarī	च	छ	ज	झ	ञ
nach unserer Transkription	ʧ	ʧh	ʤ	ʤh	ɲ[165]
	मंच /maɲʧ/ Podium, Bühne	पंछी /paɲʧhi:/ Vogel	कंजूस /kaɲʤu:s/ geizig	झंझट /ʤhaɲʤhaʈ/ Schwierig-keit, Problem	

3) Die Gruppe der postalveolaren (retroflexen) Konsonanten

Devanāgarī	ट	ठ	ड	ढ	ण[166]
nach unserer Transkription	ʈ	ʈh	ɖ	ɖh	ɳ
Beispiel	अंट-संट /anʈ sanʈ/ absurd	कंठ /kanʈh/ Nacken, Kehle	दंड /danɖ/ Stab, Stock	ठंढ /ʈhanɖh/ Kälte	

4) Die Gruppe der dentalen Konsonanten

Devanāgarī	त	थ	द	ध	न
nach unserer Transkription	/t/	/th/	/da/	/dh/	/n/
Beispiel	संतरा /santara:/ /santra:/ Orange	ग्रंथ /granth/ Buch	गंदा /ganda:/ schmut-zig	कंधा /kandha:/ Schulter	

164 Die in indologischer Literatur häufig verwendete Transliteration ist ṅ.
165 Die in indologischer Literatur häufig verwendete Transliteration ist ñ.
166 Die in indologischer Literatur häufig verwendete Transliteration ist ṇ.

5) Die Gruppe der bilabialen Konsonanten

Devanāgarī	प	फ	ब	भ	म
nach unserer Transkription	p	ph	b	bh	m
Beispiel	संपूर्ण /sampu:rṇa/ ganz, vollständig	स्वर-कंफ[167] /svara kampha/ Tremolo, Zittern in der Stimme	तंबू /tambu:/ Zelt	संभव /sambhav/ möglich	

6) Die Gruppe der sog. Halbvokale (य, र, ल, व)

Wir folgen hier der Einteilung in die traditionellen „vargas". Bei der Darstellung der einzelnen Grapheme bzw. Laute wurde auf die Probleme dieser phonetischen Beschreibung und Klassifizierung eingegangen. Diese Fragen sollen hier nicht mehr erneut aufgegriffen werden.

Devanāgarī	य	र	ल	व
nach unserer Transkription	j	r	l	v
Beispiel	संयुक्त /sanjukt/ verbunden Bahri: संयुक्त sanyukta McGregor: संयुक्त saṃyukt[168]	संरक्षण /sanraksaṇ/ Protektion Schutz Bahri: sanrakṣaṇ McGregor: saṃrakṣaṇ	संलग्न /sanlagna/ beigefügt, angefügt Bahri: संलग्न sanlagna McGregor: संलग्न saṃlagn	संवाद /samva:d/ Dialog, Diskussion

Vor र, ल und स entspricht der Anusvār einem dentalen n-Laut [n̪], vor व einem [m].[169]

167 Zuweilen auch स्वरकंप geschrieben (*vibrierender Klang, Echo*); neben der eigentlich korrekten Aussprache /svarkamp/ finden sich auch ‚svarakanp' oder ‚svarkanp' als Transliteration für स्वरकंप.
168 Die Verwendung von ṃ in der Transliteration bedeutet nicht, dass ein m-Laut zu artikulieren ist. Es handelt sich vielmehr um eine traditionelle Transliteration des Anusvār überhaupt. Siehe oben 3.3.4 und auch Snell (2003: 64).
169 Nach Snell (2003: 65).

7) Die Gruppe der sog. Sibilanten (श, ष, स)

Devanāgarī	श	ष	स
nach unserer Transkription	ʃ	ʃ	s
Beispiel	सारंश /sa:ra:nʃ/ Inhaltsangabe, Zusammen-fassung	दंष्टरा /danʃṭra:/ Stoßzahn Fangzahn, Hauer Alternative Schreibung: दंष्ट्रा McGregor: दंष्टरा damṣṭrā	संसार /sansa:r/ Welt McGregor: संसार saṃsār

8) stimmhafter glottaler Frikativ ह

Vor ह wird der Anusvār als velarer Nasal [ŋ] ausgesprochen.[170]

Beispiele:

सिंह	/siŋh/	Löwe
संहार	/saŋha:r/	Gemetzel, Weltuntergang
सिंहासन	/siŋha:san/	Thron

Im Alltag wird die Regel, dass der n-Laut an der gleichen Stelle artikuliert werden muss wie der entsprechende Verschlusslaut, oft nicht eingehalten. Das sieht man z. B. bei den eigentlich nicht erlaubten Ligaturen wie न्ड und न्ट, bei denen ein dentales n mit den retroflexen Lauten ड oder ट kombiniert wird. Diese Schreibweise wird besonders bei Wörtern aus dem Englischen verwendet.

सैकन्ड für *second* (zweiter)
सीमेन्ट für *cement*[171]
रॉक बैन्ड für *rock band*
रॉक एन्ड ऱोल für *Rock and Roll* (Rock 'n' Roll)[172]
Solche Ligaturen finden sich aber auch bei einheimischen Wörtern.

(1) दर्द एक घन्टे में कम हो जायगा ।
Der Schmerz wird in einer Stunde nachlassen.
(2) उस को जाने में एक घन्टा लगा ।
Er brauchte eine Stunde, um dahin zu gelangen.[173]

170 Vgl. Snell (2003: 65).
171 सैकन्ड und सीमेन्ट aus Bahri (1989).
172 रॉक बैन्ड und रॉक एन्ड ऱोल aus „द बिटल्स विकिपीडिया"– Hindi Wikipedia: „The Beatles".
173 (1) aus Bahri (1989) unter „कम". (2) aus http://shabdkosh.rattaar.in unter „घन्टा".

Teil 2
Hindi schreiben

Einleitung

Im ersten Teil dieser Einführung wurden die Buchstaben der Devanāgarī-Schrift hinsichtlich ihrer Aussprache im Hindi und der verschiedenen Transliterationssysteme behandelt. Im vorliegenden zweiten Teil geht es vorrangig um die graphische Realisierung dieser Zeichen. Für jedes der einzelnen Zeichen werden folgende Informationen gegeben:

a) Anleitung zum handschriftlichen Schreiben des Buchstabens
b) Darstellung des Buchstabens in verschiedenen Schrifttypen (Fonts)
c) Beispiel einer handschriftlichen Realisierung des Buchstabens im Kontext eines Wortes
d) Anleitung zum Tippen des Buchstabens auf einer deutschen Tastatur für Microsoft Office Word 2007, Windows 8

Zu a)

Es wird die Standardstrichführung zum Schreiben der Buchstaben angegeben. Zuweilen werden in den unterschiedlichen Quellen auch verschiedene Schreibschritte vorgeschlagen. Es gibt also keine allgemeingültige, normierte Form zum Schreiben der Buchstaben. Allgemein üblich ist jedoch, dass die Oberlinie (Shirorekhā शिरोरेखा) immer zuletzt gezogen wird. Das gilt auch für die Schreibung von Wörtern, d.h. die einzelnen Buchstaben eines Wortes werden ohne Oberlinie geschrieben. Diese wird erst zum Schluss angebracht.

Es gibt eine Reihe von Quellen im Internet, die die Strichführung in animierter Form anbieten:

1) http://enjoylearningsanskrit.com/sanskrit-alphabet-tutor
2) https://www.hindibhasha.com/hindiscripttutor.htm

Wenn man die für Kinder gemachte Animation nicht scheut, kann man sich z.B. auch das folgende Video anschauen:

3) https://www.youtube.com/watch?v=5w_iQbHq_P8

Auffällig ist, dass alle drei hier zitierten Quellen verschiedene Strichabfolgen vorschlagen. Im Folgenden wird auf solche Varianten jedoch nicht eingegangen.

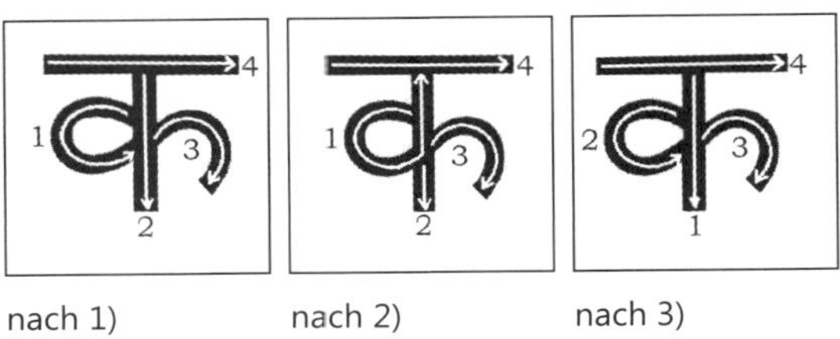

nach 1) nach 2) nach 3)

Zu b)

Es werden die Unicode Schriften Annapurna SIL, Aparajita, Kokila, Nirmala UI und Sharad 75 vorgestellt. Sharad 75 ist ein Devanāgarī-Handschrift-Font, der für die einzelnen Buchstaben je nach Kontext verschiedene Schreibvarianten verwendet, um so die Ähnlichkeit mit handschriftlichen Texten zu erhöhen.

Beispiel:

Aparajita	Nirmala	Kokila	Kruti Dev	Annapurna	Sharad 75
क	क	क	क	क	क क क

Kruti Dev ist keine Unicode Schrift und verwendet eine andere Tastaturbelegung. Sie ist an der Tastatur der traditionellen mechanischen Schreibmaschinen der Marke Remington orientiert. In einigen Bundesstaaten (Bihar, Chhattisgarh, Jharkhnad, Jammu Kashmir, Haryana) gilt diese Tastatur als offizielle, von der Verwaltung benutzte Tastatur zum Schreiben von Hindi.[1]

Zu c)

Für alle Buchstaben wird ein handschriftlich geschriebenes Wort angegeben, in denen der Buchstabe vorkommt. Dadurch soll die Fähigkeit vorbereitet werden, auch handschriftlich verfasste Texte in Hindi lesen zu können.

1 Siehe http://indiatyping.com/index.php/download/95-hindi-font-krutidev.

Zu d)

Für jeden Buchstaben wird durch einen Pfeil die Taste angegeben, mit der man den Buchstaben tippen kann. Dazu muss die Devanāgarī-Schrift vorher installiert werden.[2]

Die folgende Abbildung zeigt im Überblick die Belegung der Tasten einer deutschen Tastatur mit den entsprechenden Devanāgarī-Buchstaben.

Die Abfolge der Behandlung der Buchstaben entspricht der Reihenfolge im ersten Teil.

2 Hinweise für die Installation einer neuen Tastatur finden sich z. B. unter folgenden Web-Sites: https://praxistipps.chip.de/windows-8-russische-tastatur-hinzufuegen_27929 oder https://www.youtube.com/watch?v=nt5AJm_3FiA oder https://www.youtube.com/watch?v=8KBq4yY8H68.

1.1 Vokale

1.1.1 आ, ा [a:]

1.1.1.1 आ steht in unabhängiger Position für [a:]

Aparajita	Nirmala	Kokila	Kruti Dev	Annapurna	Sharad 75	Ältere Form
आ	आ	आ	आ	आ	आ आ	अा

आज	आज	heute

↓

Q औ कौ	W ऐ कै	E आ का	R ई की	T ऊ कू	Z भ ब	U ङ ह	I घ ग	O ध द	P झ ज	Ü ढ ड	* ञ क़

1.1.1.2 ा steht in abhängiger Position für [a:]

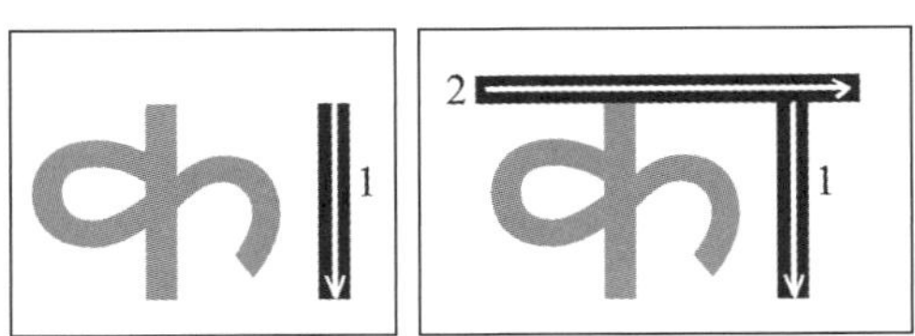

Aparajita	Nirmala	Kokila	Kruti Dev	Annapurna	Sharad 75
का	का	का	का	का	का का का

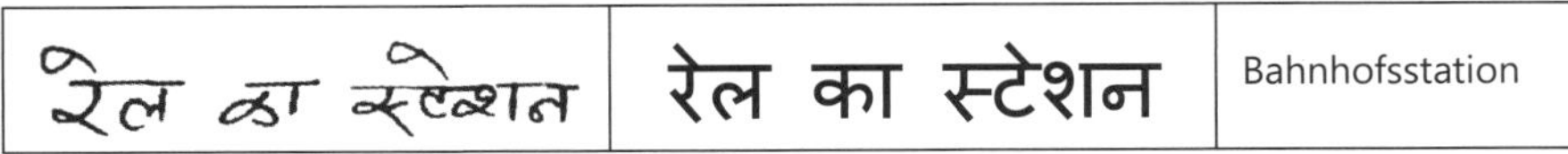

रेल का स्टेशन	रेल का स्टेशन	Bahnhofsstation

↓

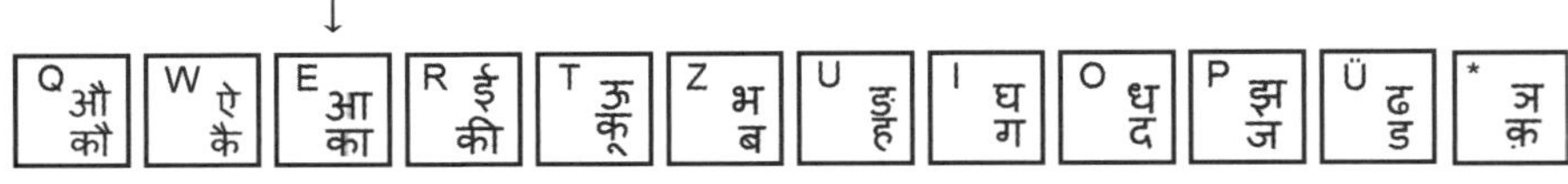

1.1.2 अ, [ə]

1.1.2.1 अ steht in unabhängiger Position für [ə]

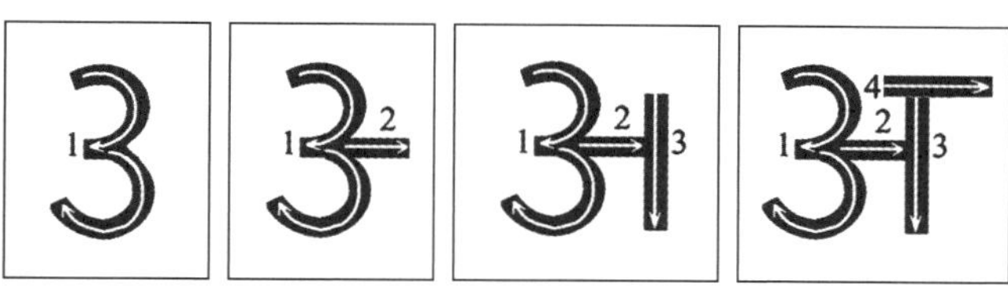

Aparajita	Nirmala	Kokila	Kruti Dev	Annapurna	Sharad 75	Ältere Form
अ	अ	अ	अ	अ	अअअ	अ

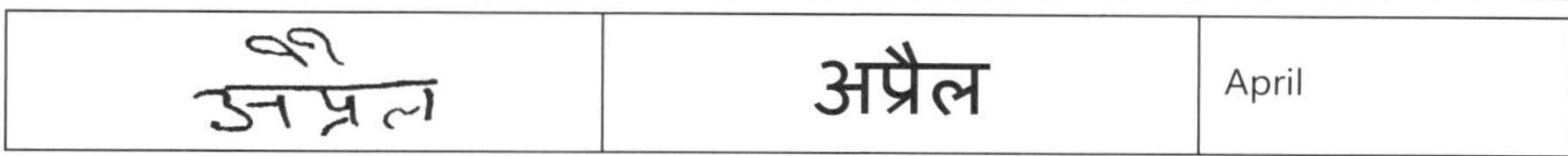

अप्रैल	अप्रैल	April

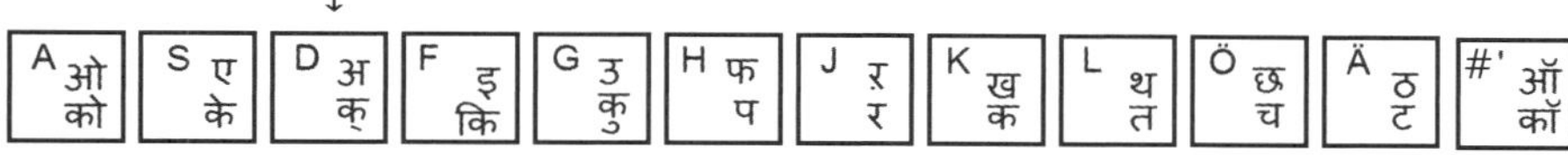

1.1.3 ई, ी /iː/

1.1.3.1 ई steht in unabhängiger Position für /iː/

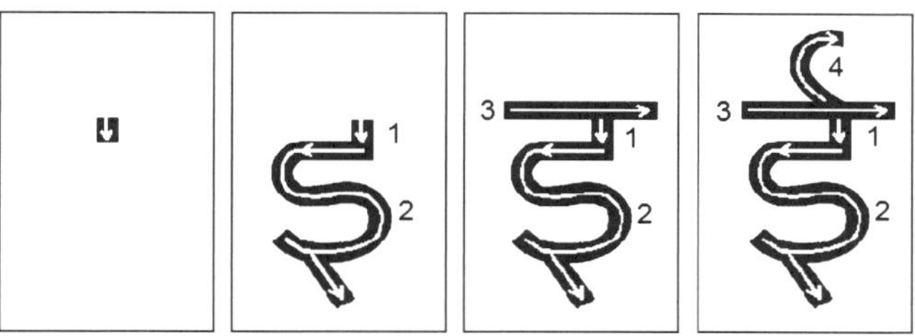

Aparajita	Nirmala	Kokila	Kruti Dev	Annapurna	Sharad 75
ई	ई	ई	ई	ई	ई ई

गई	गई	Verbform von जाना gehen	वह घर **गई** Sie ging nach Hause

↓

Q	W	E	R	T	Z	U	I	O	P	Ü	*
औ कौ	ऐ कै	आ का	ई की	ऊ कू	भ ब	ङ ह	घ ग	ध द	झ ज	ढ ड	ञ क़

1.1.3.2 ी steht in abhängiger Position für /iː/

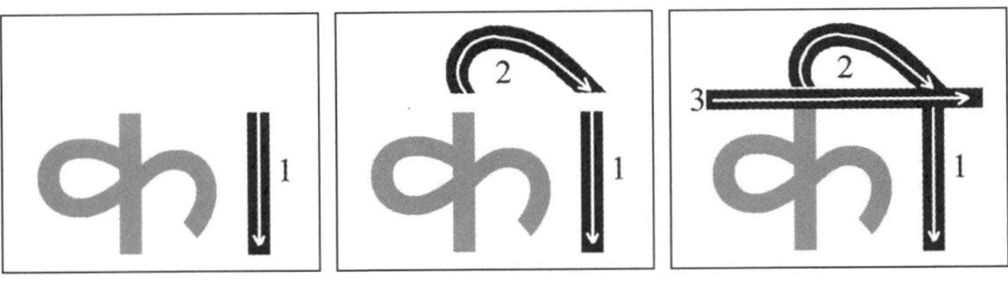

Aparajita	Nirmala	Kokila	Kruti Dev	Annapurna	Sharad 75
की	की	की	की	की	की की की

की	की	Postposition feminin zu का von	राम **की** पत्नी die Frau von Ram

↓

Q औ कौ	W ऐ कै	E आ का	R ई की	T ऊ कू	Z भ ब	U ङ ह	I घ ग	O ध द	P झ ज	Ü ढ ड	* ञ क़

1.1.4 इ, ि /ɪ/

1.1.4.1 इ steht in unabhängiger Position für /ɪ/

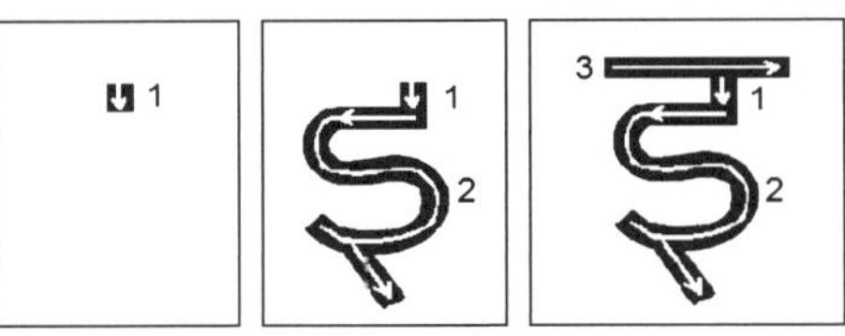

Aparajita	Nirmala	Kokila	Kruti Dev	Annapurna	Sharad 75
इ	इ	इ	इ	इ	इ इ

इन्द्र	इन्द्र	Indra (Vedische Gottheit)

↓

A ओ को	S ए के	D अ क्	F इ कि	G उ कु	H फ प	J ऱ र	K ख क	L थ त	Ö छ च	Ä ठ ट	#' ऑ कॉ

1.1.4.2 ि steht in abhängiger Position für /ɪ/

Aparajita	Nirmala	Kokila	Kruti Dev	Annapurna	Sharad 75
कि	कि	कि	कि	कि	कि कि

कि	कि	dass	उसने कहा कि Er sagte, dass ...
मिली	मिली	Verbform von मलिना treffen, finden	मुझे एक किताब मिली Ich habe ein Buch gefunden.

↓

A ओ को	S ए के	D अ क्	F इ कि	G उ कु	H फ प	J ऱ र	K ख क	L थ त	Ö छ च	Ä ठ ट	#' ऑ कॉ

1.2 Konsonanten

1.2.1 क, /ka/

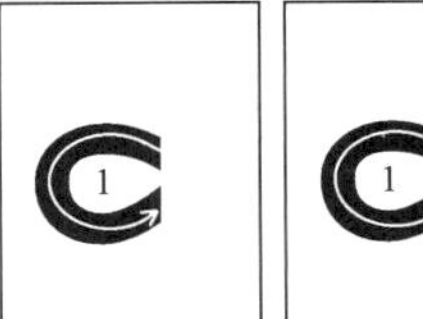

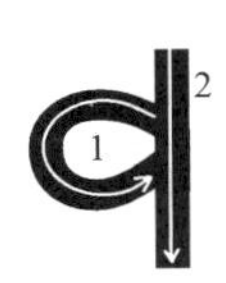

Aparajita	Nirmala	Kokila	Kruti Dev	Annapurna	Sharad 75
क	क	क	क	क	क क क क

की	की	Postposition feminin zu का von	राम **की** पत्नी die Frau von Ram

↓

A ओ को	S ए के	D अ क्	F इ कि	G उ कु	H फ प	J ऱ र	K ख क	L थ त	Ö छ च	Ä ठ ट	#' ऑ कॉ

1.2.2 त, [t̪a]

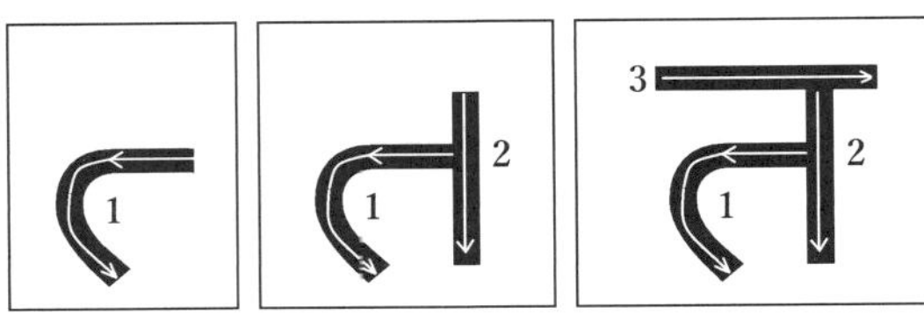

Aparajita	Nirmala	Kokila	Kruti Dev	Annapurna	Sharad 75
त	त	त	त	त	त त त त

तक	तक	bis

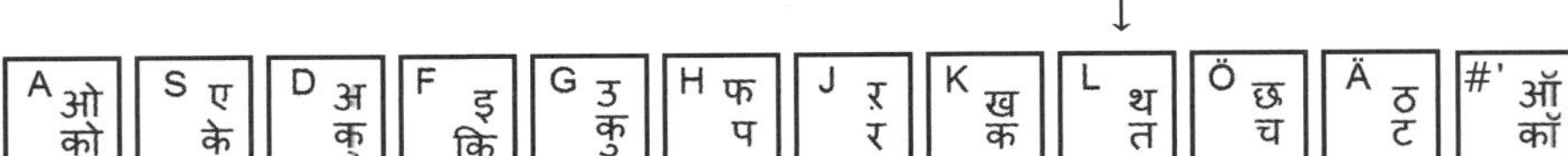

1.2.3 प, /pa/

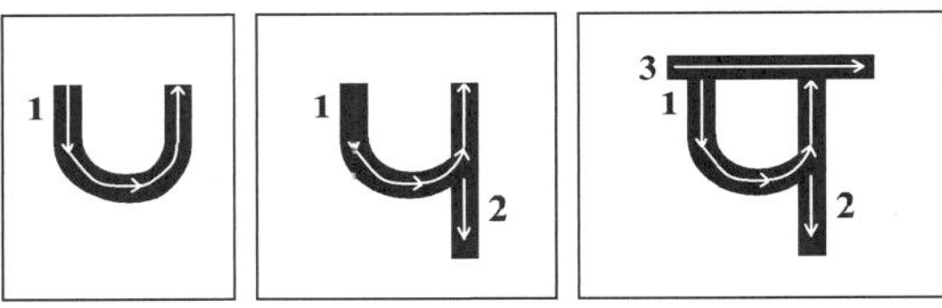

Aparajita	Nirmala	Kokila	Kruti Dev	Annapurna	Sharad 75
प	प	प	प	प	प प प प

पहले	पहले	zuerst, vor

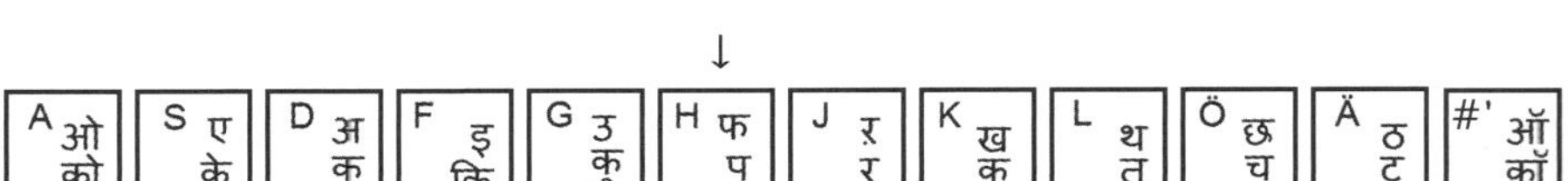

1.2.4 ब, /ba/

Aparajita	Nirmala	Kokila	Kruti Dev	Annapurna	Sharad 75
ब	ब	ब	ब	ब	ब ब ब

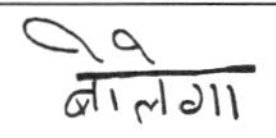	बोलेगा	er wird sprechen

↓

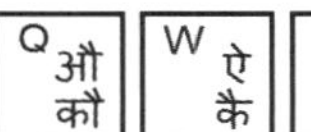
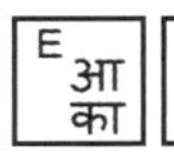
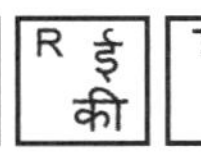
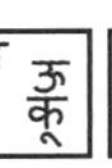
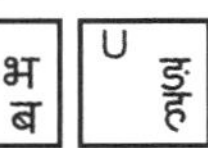

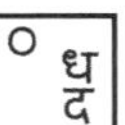

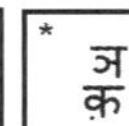

Q औ कौ	W ऐ कै	E आ का	R ई की	T ऊ कू	Z भ ब	U ङ ह	I घ ग	O ध द	P झ ज	Ü ढ ड	* ञ क़

1.2.5 म, /ma/

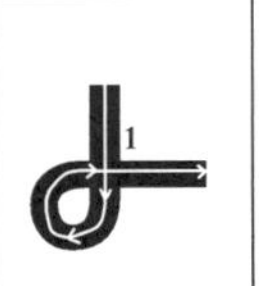
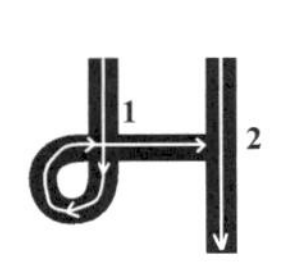
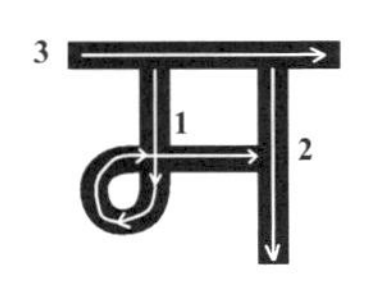

Aparajita	Nirmala	Kokila	Kruti Dev	Annapurna	Sharad 75
म	म	म	म	म	म म म

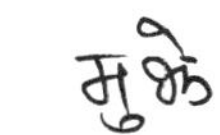	मुझे	obliquer Kasus von मैं	mir

↓

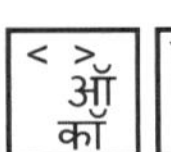

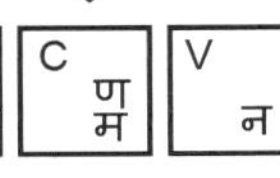
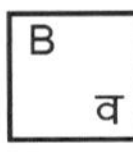
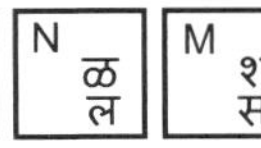

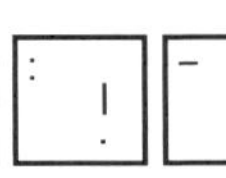

< > ऑ कॉ	Y	X कँ कं	C ण म	V न	B व	N ळ ल	M श स	; ष ,	: । .	– य़ य

1.2.6 न, /na/

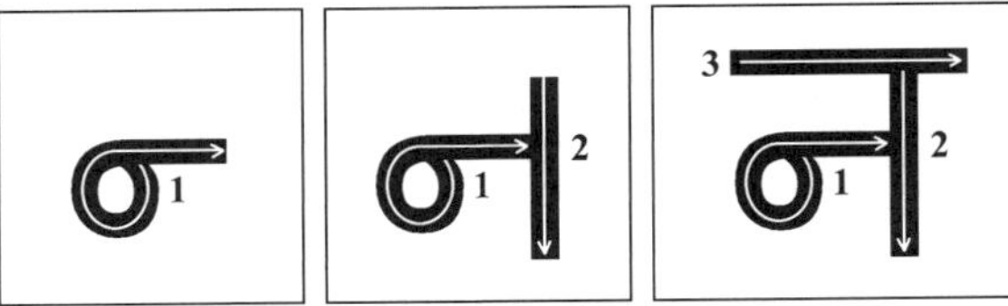

Aparajita	Nirmala	Kokila	Kruti Dev	Annapurna	Sharad 75
न	न	न	न	न	न न न न

दिन	दिन	Tag

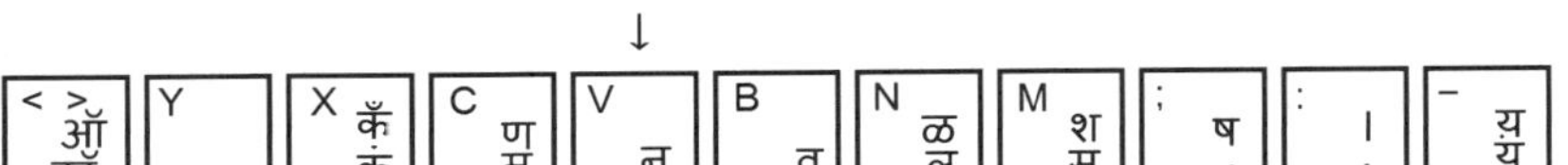

1.2.7 र, /ra/

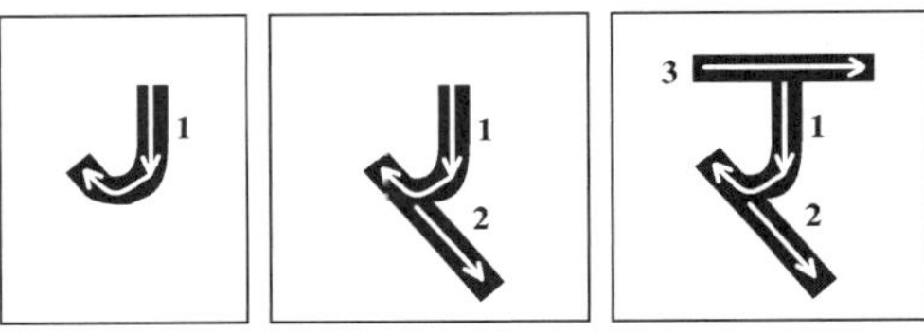

Aparajita	Nirmala	Kokila	Kruti Dev	Annapurna	Sharad 75
र	र	र	र	र	र र र र

और	और	und

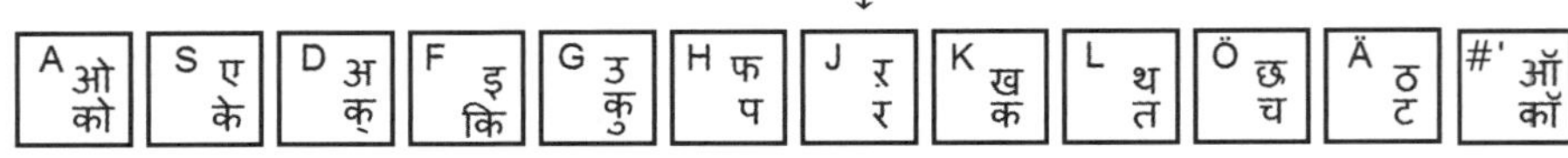

2.1 Vokale

2.1.1 ए, े /e/

2.1.1.1 ए steht in unabhängiger Position für [eː]

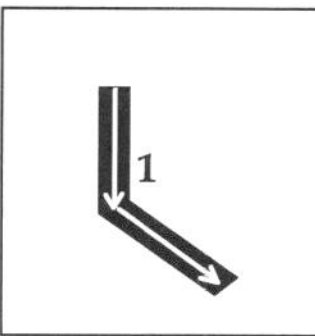

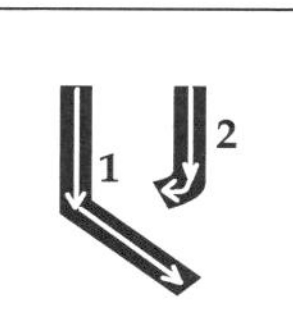

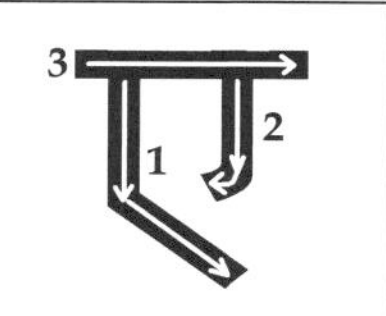

Aparajita	Nirmala	Kokila	Kruti Dev	Annapurna	Sharad 75
ए	ए	ए	ए	ए	ए ए ए

एक	एक	eins

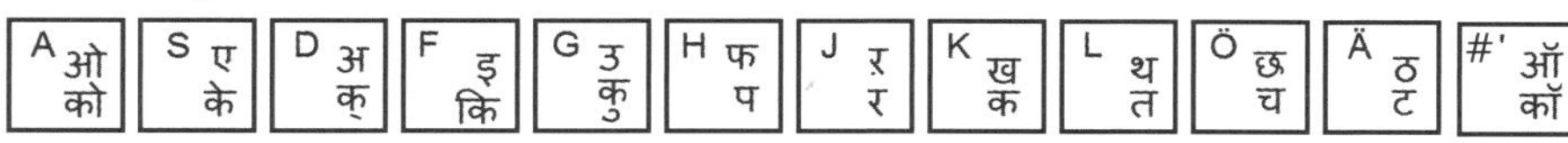

2.1.1.2 े steht in abhängiger Position für [eː]

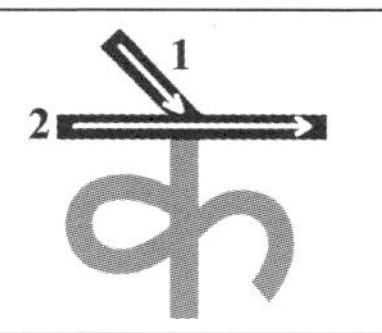

Aparajita	Nirmala	Kokila	Kruti Dev	Annapurna	Sharad 75
के	के	के	के	के	के के

पहले	पहले	zuerst, vor

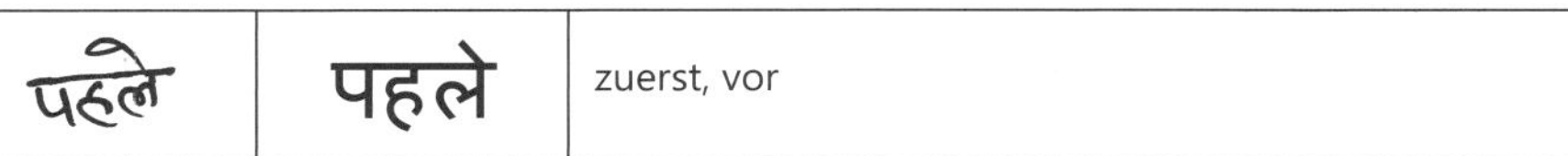

2.1.2 ऐ, ै /ɛː/

2.1.2.1 ऐ steht in unabhängiger Position für /ɛː/ – Transliteration æ

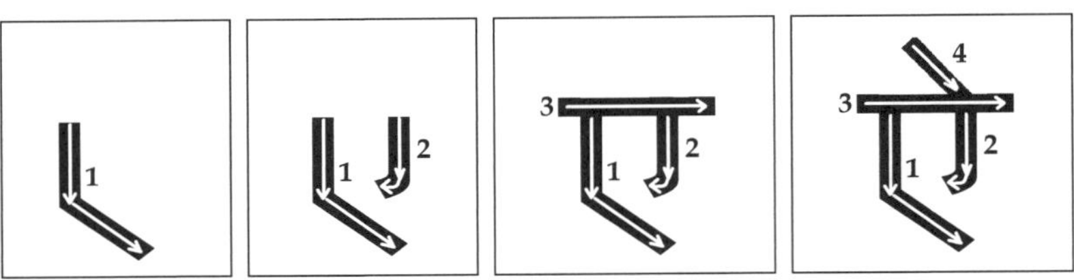

Aparajita	Nirmala	Kokila	Kruti Dev	Annapurna	Sharad 75
ऐ	ऐ	ऐ	ऐ	ऐ	ऐ ऐ

ऐनक	ऐनक	Brille

↓

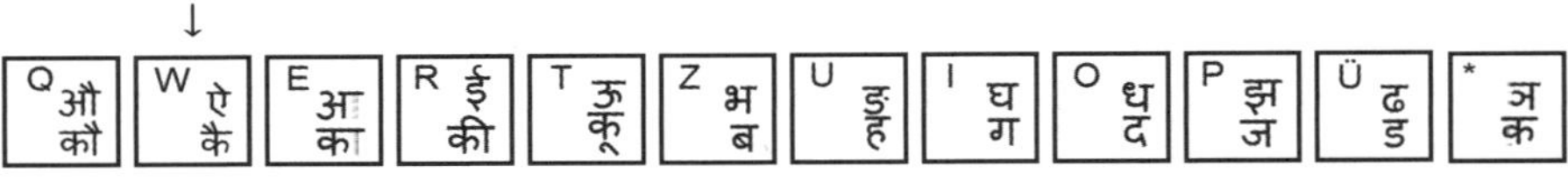

2.1.2.2 ै steht in abhängiger Position für /ɛː/ – Transliteration æ

Aparajita	Nirmala	Kokila	Kruti Dev	Annapurna	Sharad 75
कै	कै	कै	कै	कै	कै कै

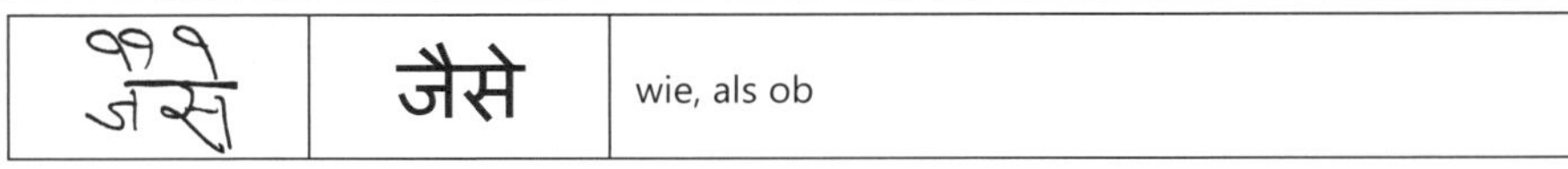

जैसे	जैसे	wie, als ob

↓

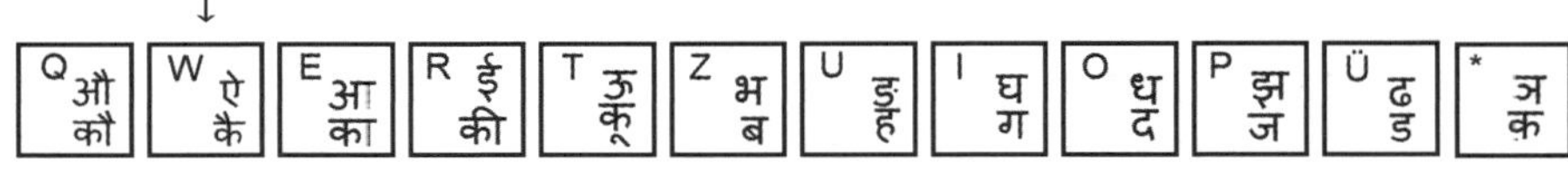

2.1.3 ऊ, ◌ू /u:/

2.1.3.1 ऊ steht in unabhängiger Position für /u:/

Aparajita	Nirmala	Kokila	Kruti Dev	Annapurna	Sharad 75
ऊ	ऊ	ऊ	ऊ	ऊ	ऊ

ऊन	ऊन	Wolle

↓

Q औ कौ	W ऐ कै	E आ का	R ई की	T ऊ कू	Z भ ब	U ङ ह	I घ ग	O ध द	P झ ज	Ü ढ ड	* ञ क़

2.1.3.2 ◌ू steht in abhängiger Position für /u:/

Aparajita	Nirmala	Kokila	Kruti Dev	Annapurna	Sharad 75
कू	कू	कू	कू	कू	कू

भूल	भूल	Fehler

↓

Q औ कौ	W ऐ कै	E आ का	R ई की	T ऊ कू	Z भ ब	U ङ ह	I घ ग	O ध द	P झ ज	Ü ढ ड	* ञ क़

2.1.4 उ, ु /u/

2.1.4.1 उ steht in unabhängiger Position für /ʊ/ – Transkription /u/

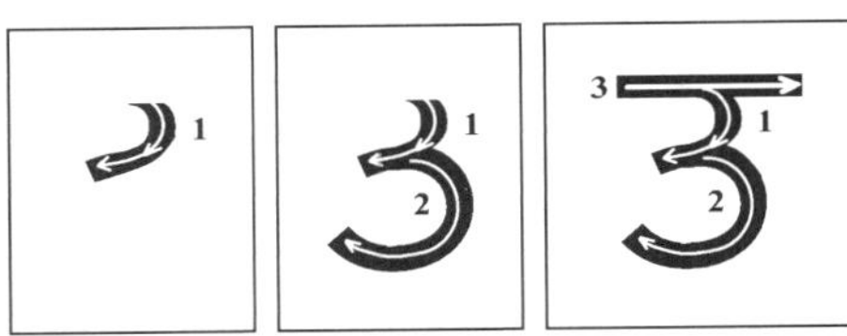

Aparajita	Nirmala	Kokila	Kruti Dev	Annapurna	Sharad 75
उ	उ	उ	उ	उ	उ उ उ

उस	उस	Singular obliquer Kasus von वह (er, sie, es)	+ Postposition: उस पर auf ihn (sie); उस मामले में (hinsichtlich, in dieser Beziehung)

↓

A ओ को	S ए के	D अ क्	F इ कि	G उ कु	H फ प	J ऱ र	K ख क	L थ त	Ö छ च	Ä ठ ट	#' ऑ कॉ

2.1.4.2 ु steht in abhängiger Position für /u/

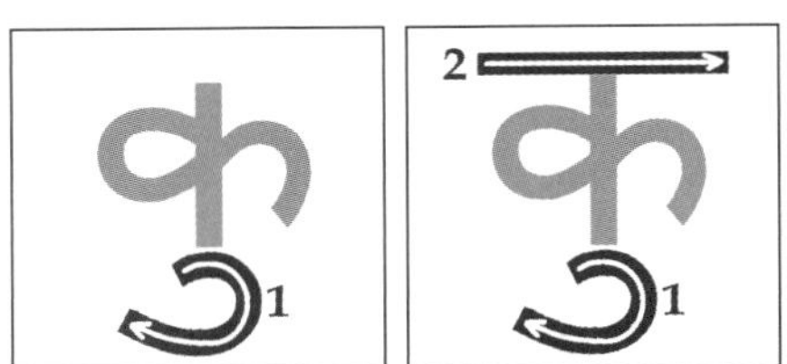

Aparajita	Nirmala	Kokila	Kruti Dev	Annapurna	Sharad 75
कु	कु	कु	कु	कु	कु कु

मुझे	मुझे	obliquer Kasus von मैं	mir

↓

A ओ को	S ए के	D अ क्	F इ कि	G उ कु	H फ प	J ऱ र	K ख क	L थ त	Ö छ च	Ä ठ ट	#' ऑ कॉ

2.2 Konsonanten

2.2.1 ग, /ga/

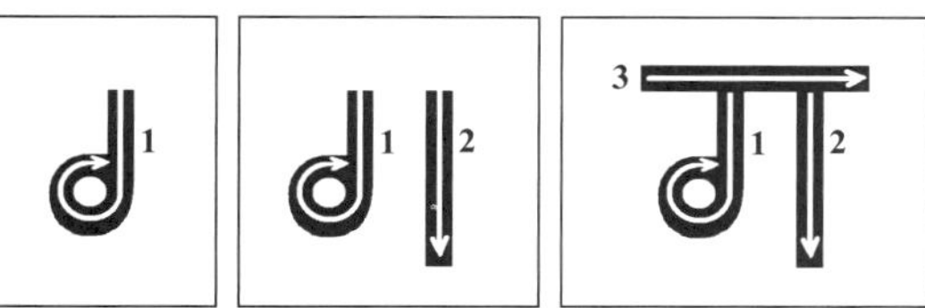

Aparajita	Nirmala	Kokila	Kruti Dev	Annapurna	Sharad 75
ग	ग	ग	ग	ग	ग ग ग

गई	गई	Verbform von जाना gehen	वह घर **गई** Sie ging nach Hause

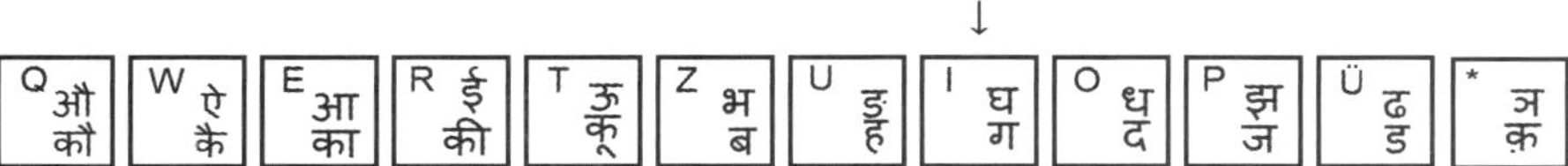

2.2.2 स, /sa/

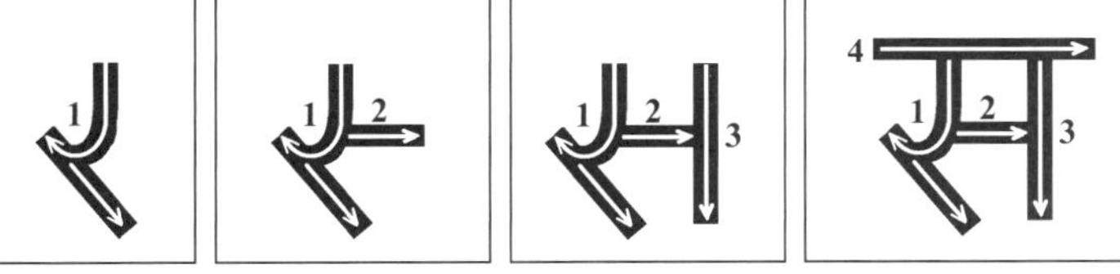

Aparajita	Nirmala	Kokila	Kruti Dev	Annapurna	Sharad 75
स	स	स	स	स	स स स

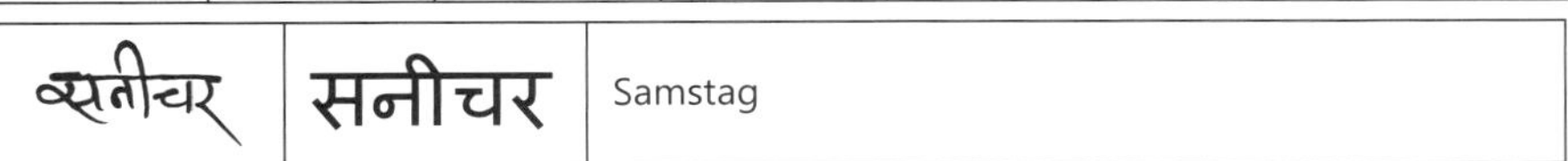

सनीचर	सनीचर	Samstag

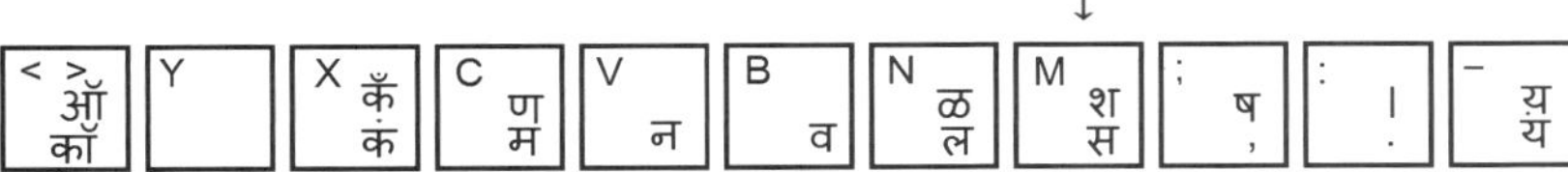

2.2.3 ह, /ha/

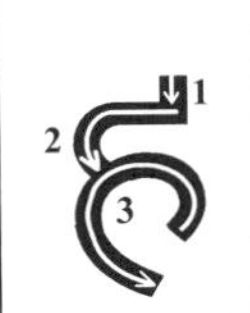
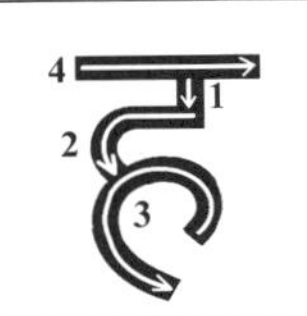

Aparajita	Nirmala	Kokila	Kruti Dev	Annapurna	Sharad 75
ह	ह	ह	ह	ह	ह ह ह

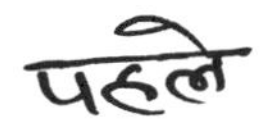	पहले	zuerst, vor

↓

Q	W	E	R	T	Z	U	I	O	P	Ü	*
औ	ऐ	आ	ई	ऊ	भ	ङ	घ	ध	झ	ढ	ञ
कौ	कै	का	की	कू	ब	ह	ग	द	ज	ड	क़

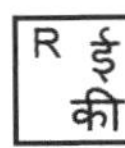
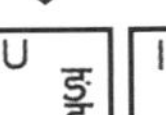

2.2.4 ल, /la/

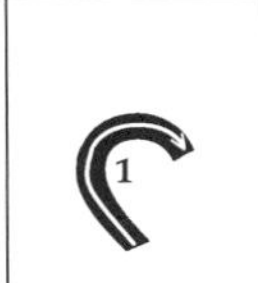

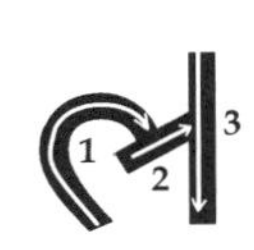
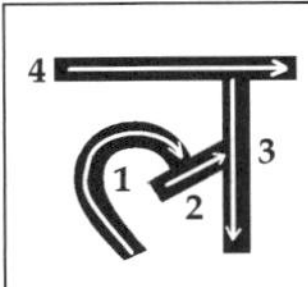

oder

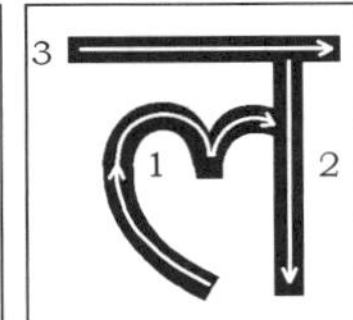

Aparajita	Nirmala	Kokila	Kruti Dev	Annapurna	Sharad 75
ल	ल	ल	ल	ल	ल ल ल

रेल	रेल	Eisenbahn

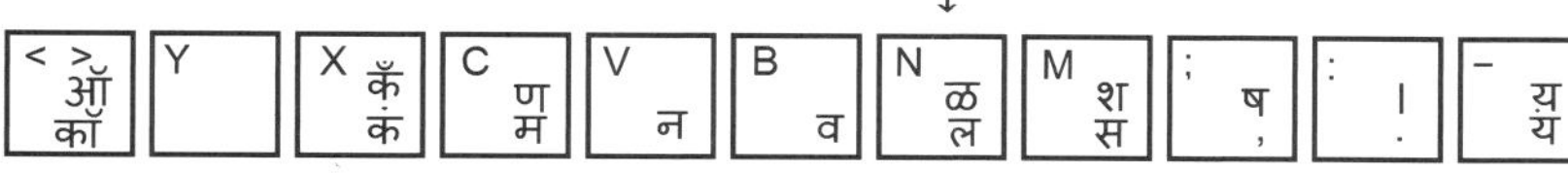

2.2.5 य, /j/

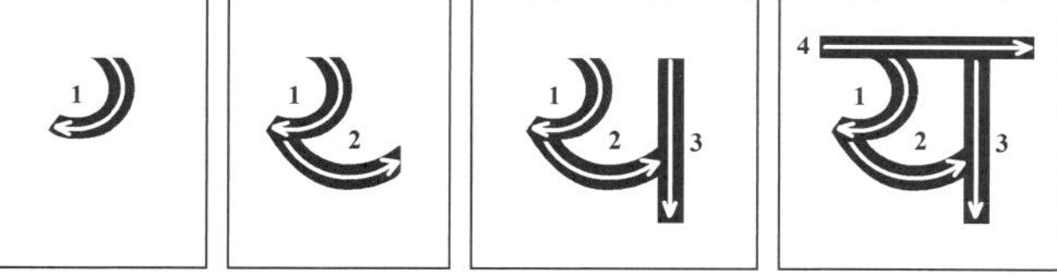

Aparajita	Nirmala	Kokila	Kruti Dev	Annapurna	Sharad 75
य	य	य	थ	य	य य य

याद	याद	Erinnerung

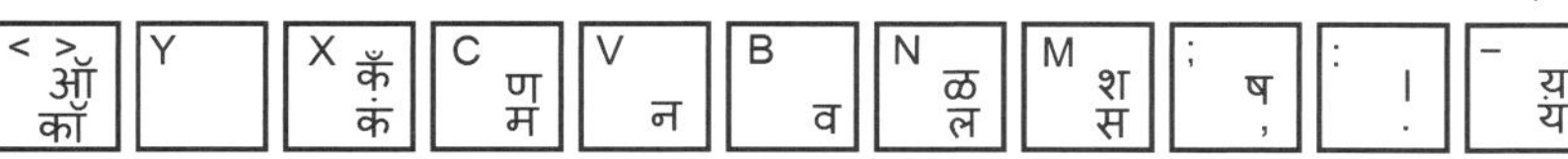

2.2.6 च, /ʧ/

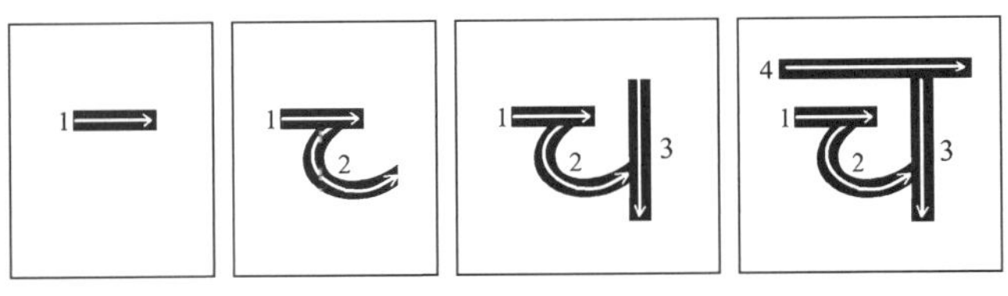

Aparajita	Nirmala	Kokila	Kruti Dev	Annapurna	Sharad 75
च	च	च	च	च	च च च

सनीचर	सनीचर	Samstag

↓

A ओ को	S ए के	D अ क्	F इ कि	G उ कु	H फ प	J ऱ र	K ख क	L थ त	Ö छ च	Ä ठ ट	#' ऑ कॉ

2.3 Ligaturen (conjuncts)

Einfache Ligaturen werden in der im ersten Teil unter 2.3 und 4.2 aufgeführten Weise gebildet. Besondere Schwierigkeiten bei der handschriftlichen Realisierung sind nicht zu erwarten; einige Beispiele:

स + ट → स्ट	स्टेशन	स्टेशन
न + द → न्द	इन्द्र	इन्द्र
स + त → स्त	दोस्त	दोस्त
प + र → प्र	अप्रैल	अप्रैल

Zur Schreibung mit dem Computer verwendet man die Halant-Taste. In der Tastatur (Deutsch) entspricht sie dem „d".

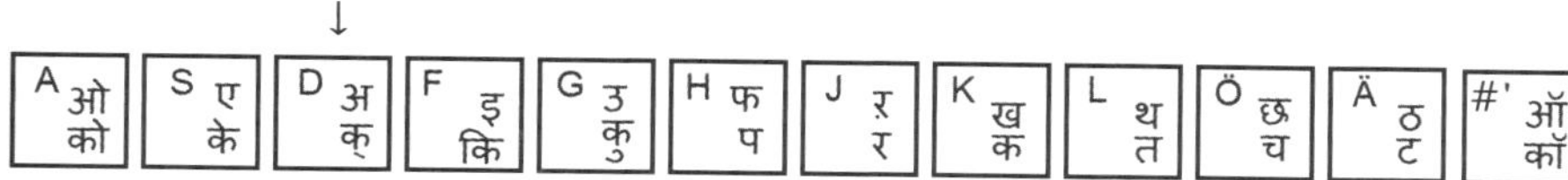

Jede Ligatur wird wie folgt erzeugt:

- a) ersten Teil der Ligatur eingeben, z. B. स
- b) Halant-Taste „d" drücken. Der erste Teil der Ligatur wird mit einem Halant versehen स्
- c) unmittelbar danach den zweiten Teil der Ligatur, z. B. ट, eintippen. Das ergibt स्ट und wird wie folgt eingegeben:

Einzelne Fonts unterscheiden sich hinsichtlich ihrer Fähigkeit, Ligaturen darzustellen. Mangal erzeugt nicht alle Ligaturen. Mit anderen Fonts wie Nirmala UI, Aparajita oder Annapurna können jedoch mehr Ligaturen geschrieben werden.

Beispiel: ठ् + ठ → ठ्ठ

Mangal	Aparajita	Nirmala	Kokila	Annapurna
ठ्ठ	ठ्ठ	ठ्ठ	ठ्ठ	ठ्ठ

3.1 Vokale

3.1.1 ओ, ो /o:/

3.1.1.1 ओ steht in unabhängiger Position für /o:/

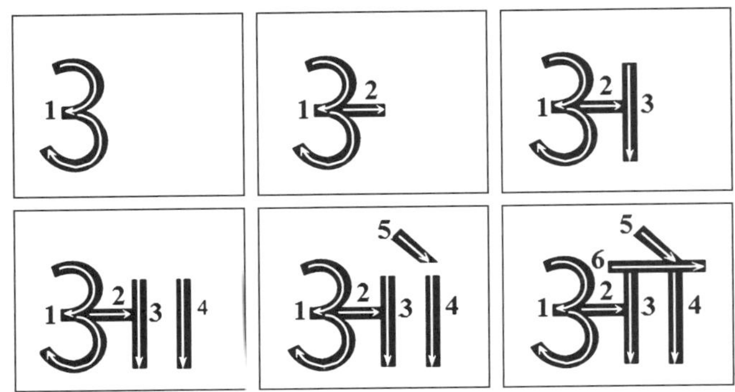

Aparajita	Nirmala	Kokila	Kruti Dev	Annapurna	Sharad 75	Ältere Form
ओ	ओ	ओ	ओ	ओ	ओ ओ	अो

लाओ	लाओ	Imperativ von लेना nehmen	Nimm!

↓

A ओ को	S ए के	D अ क्	F इ कि	G उ कु	H फ प	J ऱ र	K ख क	L थ त	Ö छ च	Ä ठ ट	#' ऑ कॉ

3.1.1.2 ो steht in abhängiger Position für /o:/

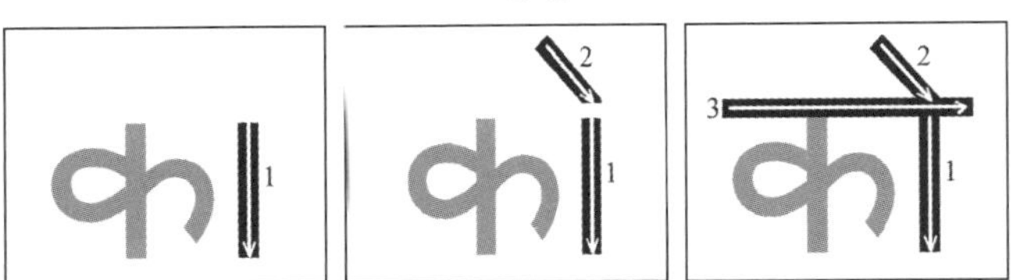

Aparajita	Nirmala	Kokila	Kruti Dev	Annapurna	Sharad 75
को	को	को	को	को	को को

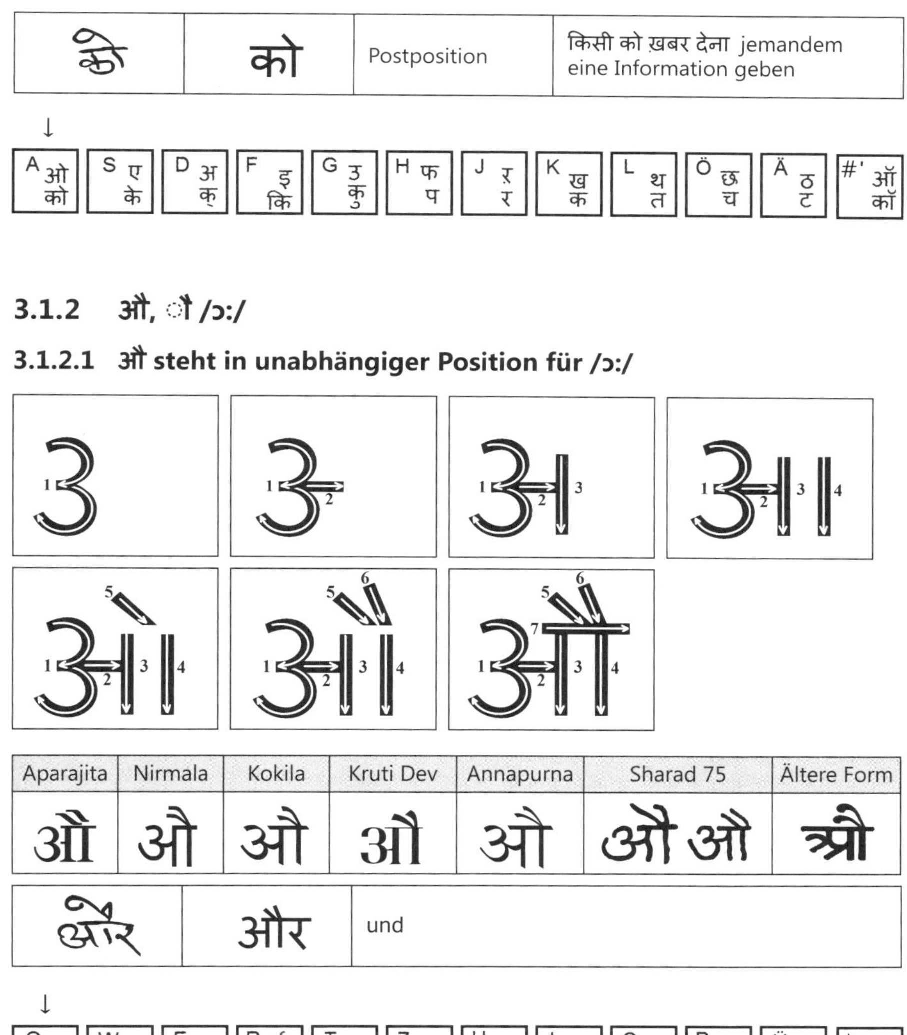

[handschriftlich]	को	Postposition	किसी को ख़बर देना jemandem eine Information geben

↓

A	S	D	F	G	H	J	K	L	Ö	Ä	#'
ओ	ए	अ	इ	उ	फ	ऱ	ख	थ	छ	ठ	ऑ
को	के	क्	कि	कु	प	र	क	त	च	ट	कॉ

3.1.2 औ, ौ /ɔː/

3.1.2.1 औ steht in unabhängiger Position für /ɔː/

Aparajita	Nirmala	Kokila	Kruti Dev	Annapurna	Sharad 75	Ältere Form
औ	औ	औ	औ	औ	औ औ	ग्रौ

[handschriftlich]	और	und

↓

Q	W	E	R	T	Z	U	I	O	P	Ü	*
औ	ऐ	आ	ई	ऊ	भ	ङ	घ	ध	झ	ढ	ञ
कौ	कै	का	की	कू	ब	ह्	ग	द	ज	ड	क़

3.1.2.2 ौ steht in abhängiger Position für /ɔ:/

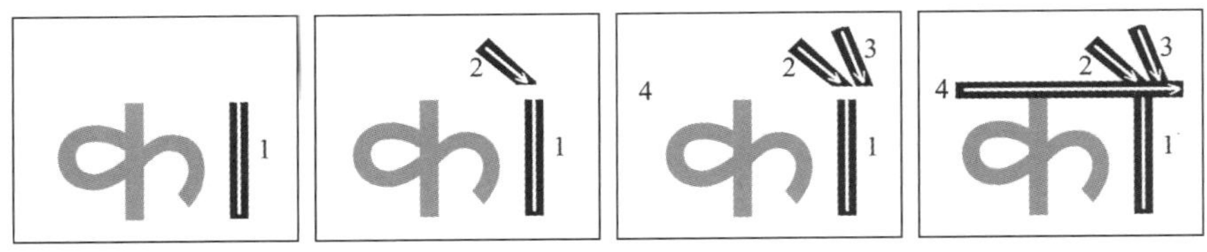

Aparajita	Nirmala	Kokila	Kruti Dev	Annapurna	Sharad 75
कौ	कौ	कौ	कौ	कौ	कौ कौ

लौट	लौट	Verbstamm von लौटना zurückkommen	मैं लौट रहा हूँ Ich komme gerade zurück.

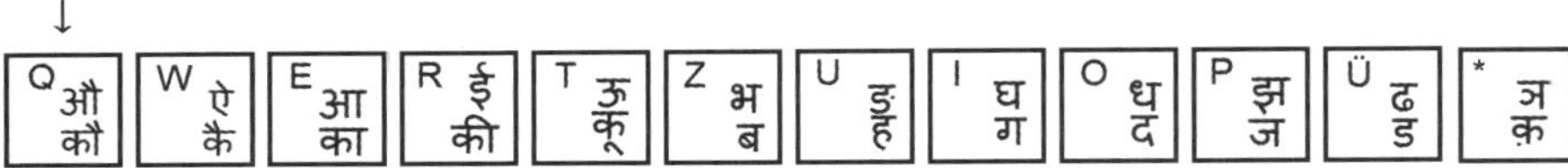

3.2 Konsonanten

3.2.1 ज, /dʒa/

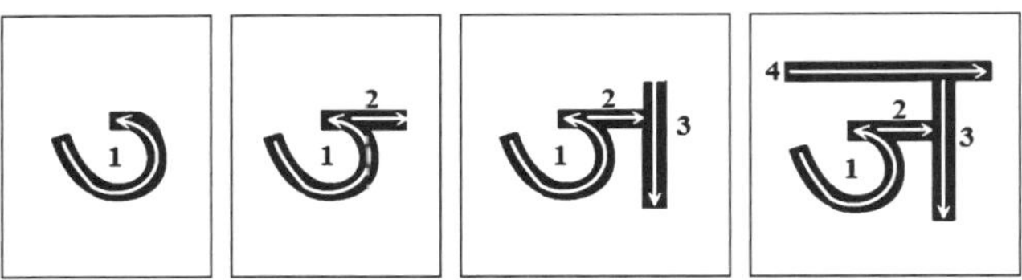

Aparajita	Nirmala	Kokila	Kruti Dev	Annapurna	Sharad 75
ज	ज	ज	ज	ज	ज ज ज

जा	जा	Verbstamm von जाना gehen	समय जा रहा है Die Zeit vergeht.

↓

Q औ कौ	W ऐ कै	E आ का	R ई की	T ऊ कू	Z भ ब	U ङ ह	I घ ग	O ध द	P झ ज	Ü ढ ड	* ञ क़

3.2.2 व, /va/

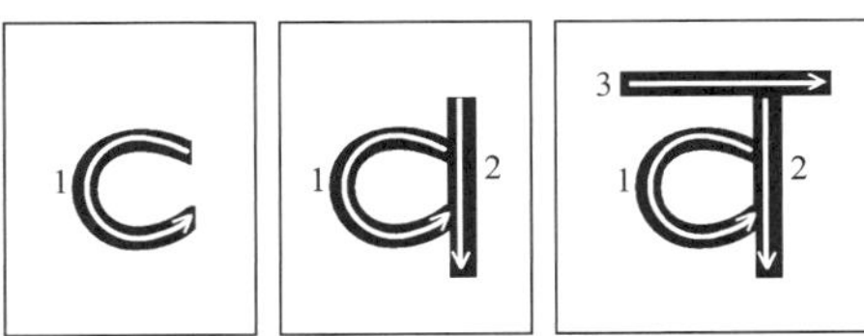

Aparajita	Nirmala	Kokila	Kruti Dev	Annapurna	Sharad 75
व	व	व	व	व	व व व

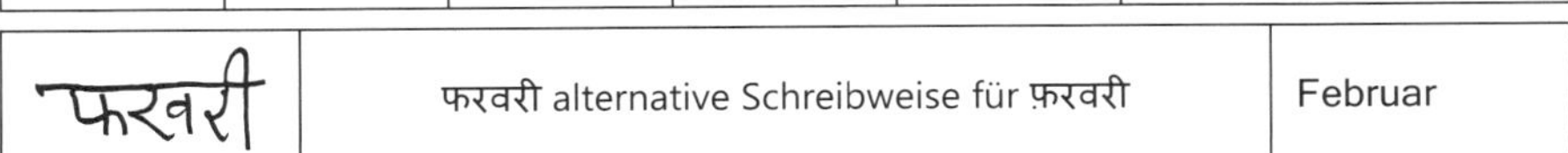

फरवरी	फरवरी alternative Schreibweise für फ़रवरी	Februar

↓

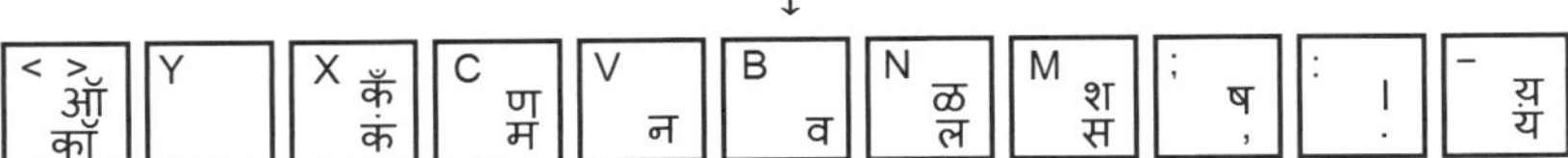

3.2.3 द, /da/

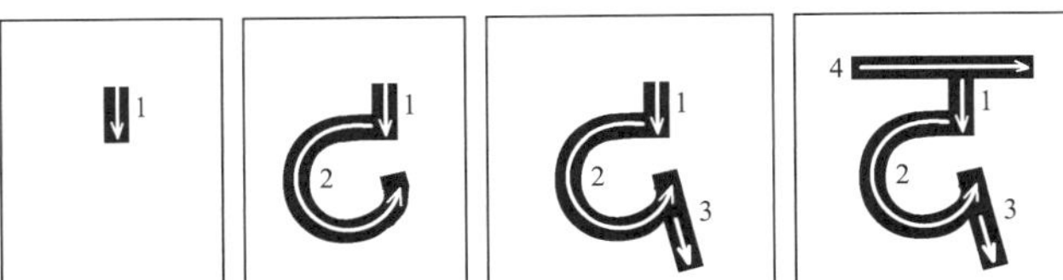

Aparajita	Nirmala	Kokila	Kruti Dev	Annapurna	Sharad 75
द	द	द	द	द	द द द

दोस्त	दोस्त	Freund

↓

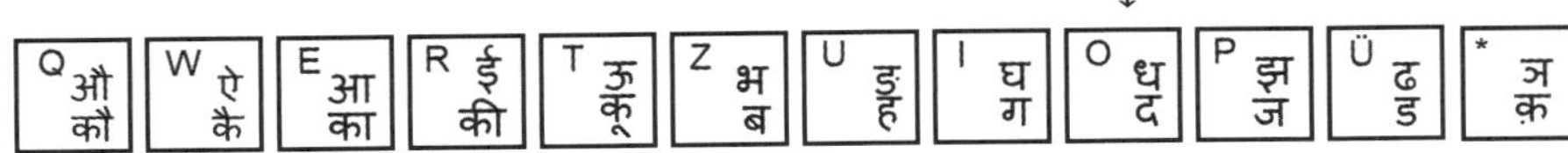

3.2.4 श, /ʃa/

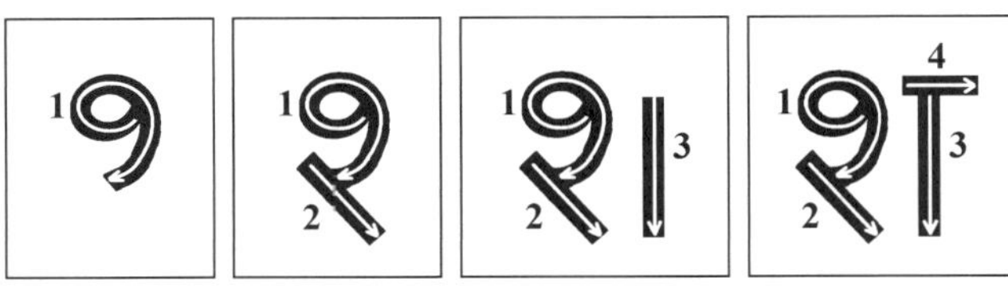

Aparajita	Nirmala	Kokila	Kruti Dev	Annapurna	Sharad 75
श	श	श	श	श	श श श

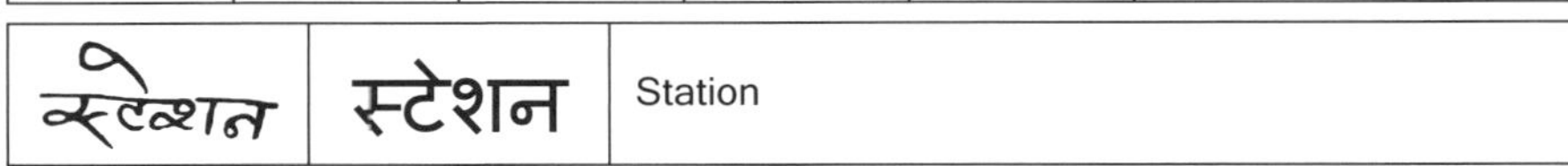

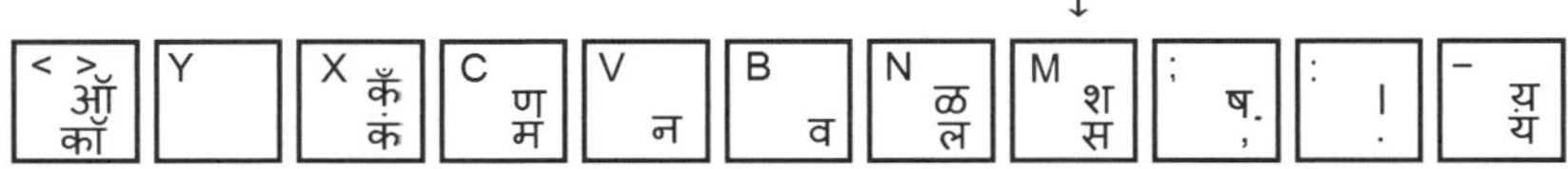

3.3 Chandrabindu ँ und Anusvār ं

3.3.1 ँ Chandrabindu

Aparajita	Nirmala	Kokila	Kruti Dev	Annapurna	Sharad 75
कँ	कँ	कँ	कँ	कँ	कँ

हूँ	हूँ	ich bin

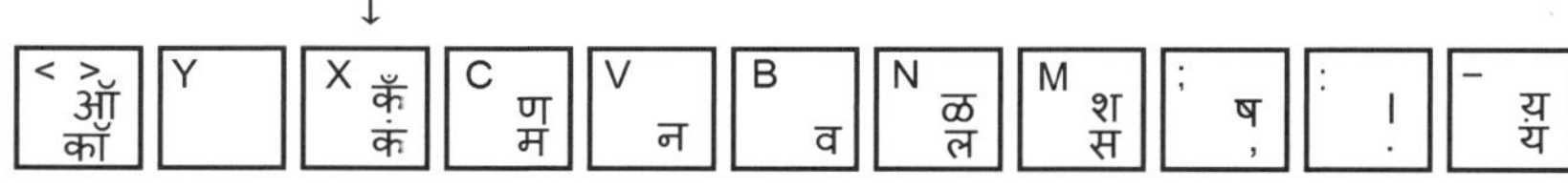

3.3.2 ं Anusvār

Aparajita	Nirmala	Kokila	Kruti Dev	Annapurna	Sharad 75
कं	कं	कं	कं	कं	कं

गंदी	गंदी	fem. von गंदा hässlich, schmutzig	गंदी जगह hässlicher Platz

↓

< >	Y	X	C	V	B	N	M	;	:	–
ऑ		कँ	ण			ळ	श	ष	।	य़
कॉ		कं	म	न	व	ल	स	,	.	य

4.1 Behauchte Konsonanten

4.1.1 ख, /kha/

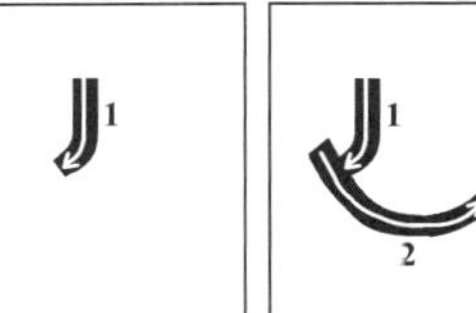

Aparajita	Nirmala	Kokila	Kruti Dev	Annapurna	Sharad 75
ख	ख	ख	ख	ख	ख ख ख

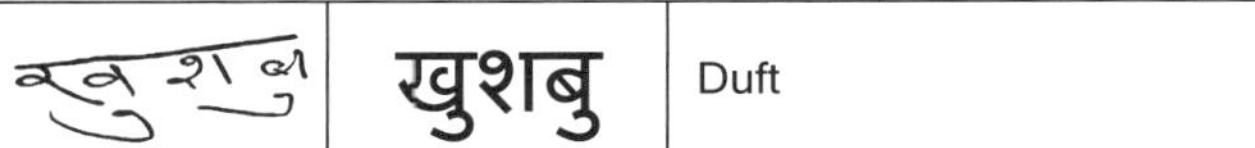

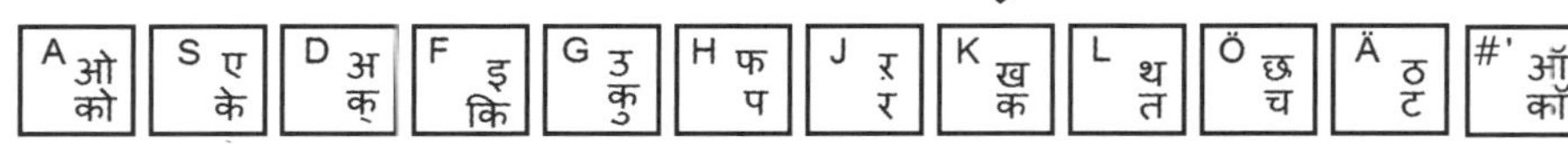

4.1.2 घ, /gha/

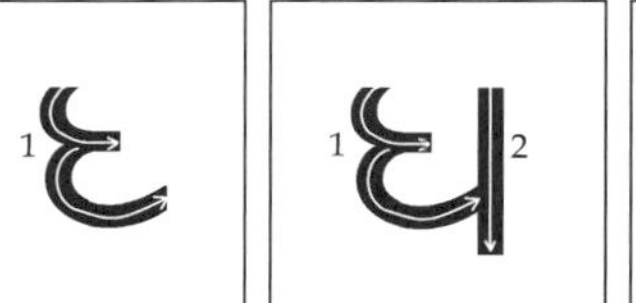

Aparajita	Nirmala	Kokila	Kruti Dev	Annapurna	Sharad 75
घ	घ	घ	घ	घ	घ घ घ

घर	घर	Haus

↓

Q औ कौ	W ऐ कै	E आ का	R ई की	T ऊ कू	Z भ ब	U ङ ह	I घ ग	O ध द	P झ ज	Ü ढ ड	* ञ क़

4.1.3 छ, /ʧha/

Aparajita	Nirmala	Kokila	Kruti Dev	Annapurna	Sharad 75
छ	छ	छ	छ	छ	छ छ छ

छुट्टियाँ	छुट्टियाँ	Plural von छुट्टी Feiertag	Feiertage

↓

A	S	D	F	G	H	J	K	L	Ö	Ä	#'
ओ	ए	अ	इ	उ	फ	ऱ	ख	थ	छ	ठ	ऑ
को	के	क्	कि	कु	प	र	क	त	च	ट	कॉ

4.1.4 झ, /dʒha/

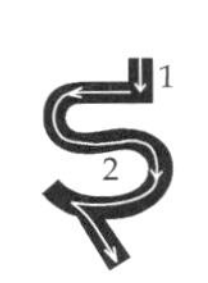

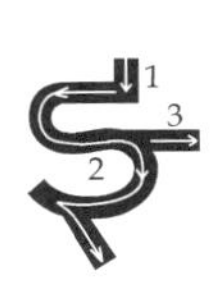

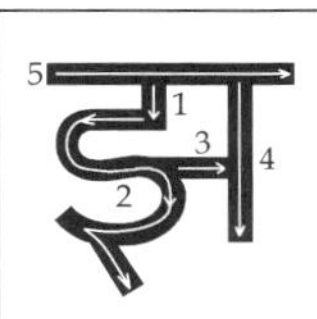

Aparajita	Nirmala	Kokila	Kruti Dev	Annapurna	Sharad 75	Ältere Form
झ	झ	झ	झ	झ	झ झ	झ झ

मुझे	मुझे	obliquer Kasus von मैं	mir

↓

Q	W	E	R	T	Z	U	I	O	P	Ü	*
औ	ऐ	आ	ई	ऊ	भ	ङ	घ	ध	झ	ढ	ञ
कौ	कै	का	की	कू	ब	ह	ग	द	ज	ड	क़

4.1.5 थ, /tha/

Aparajita	Nirmala	Kokila	Kruti Dev	Annapurna	Sharad 75
थ	थ	थ	थ	थ	थ थ थ

थी	थी	Präteritum (fem.) von होना	वह अकेली थी Sie war alleine.

↓

A	S	D	F	G	H	J	K	L	Ö	Ä	#'
ओ	ए	अ	इ	उ	फ	ऱ	ख	थ	छ	ठ	ऑ
को	के	क्	कि	कु	प	र	क	त	च	ट	कॉ

4.1.6 ध, /dha/

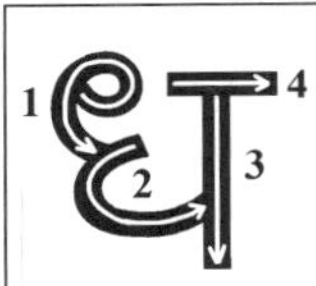

Aparajita	Nirmala	Kokila	Kruti Dev	Annapurna	Sharad 75
ध	ध	ध	ध	ध	ध ध ध

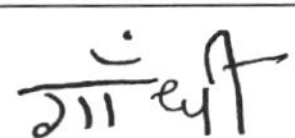	गाँधी	Gandhi

↓

Q	W	E	R	T	Z	U	I	O	P	Ü	*
औ	ऐ	आ	ई	ऊ	भ	ङ	घ	ध	झ	ढ	ञ
कौ	कै	का	की	कू	ब	ह	ग	द	ज	ड	क़

4.1.7 फ, /pha/

Aparajita	Nirmala	Kokila	Kruti Dev	Annapurna	Sharad 75
फ	फ	फ	फ	फ	फ फ फ

फरवरी	फरवरी	alternative Schreibweise für फ़रवरी	Februar

↓

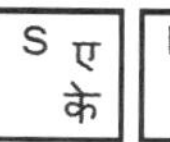
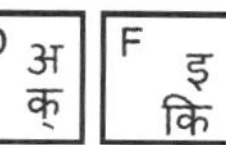
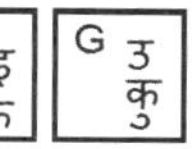
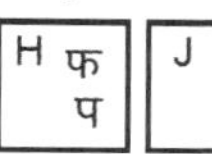
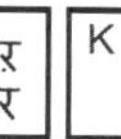
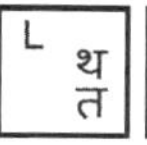
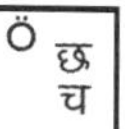
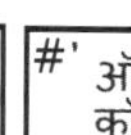

A ओ को	S ए के	D अ क्	F इ कि	G उ कु	H फ प	J ऱ र	K ख क	L थ त	Ö छ च	Ä ठ ट	#' ऑ कॉ

4.1.8 भ, /bha/

Aparajita	Nirmala	Kokila	Kruti Dev	Annapurna	Sharad 75
भ	भ	भ	भ	भ	भ भ भ

	भूल	Fehler

↓

Q औ कौ	W ऐ कै	E आ का	R ई की	T ऊ कू	Z भ ब	U ङ ह	I घ ग	O ध द	P झ ज	Ü ढ ड	* ञ क़

4.2 Unregelmäßige Ligaturen mit र als zweiter Komponente

त + र → त्र

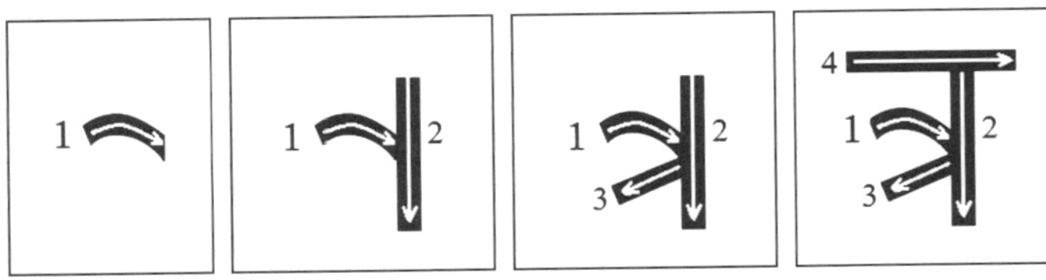

oder

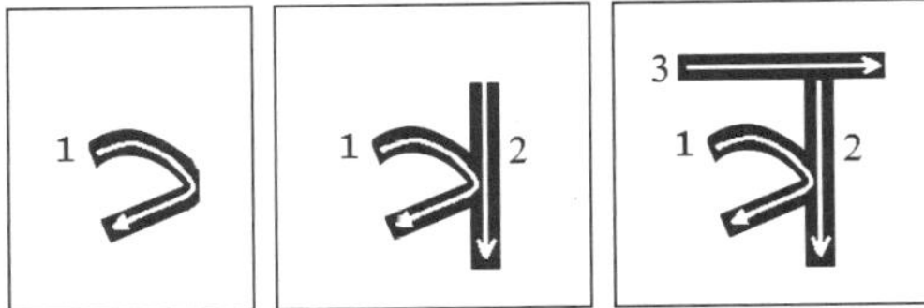

Aparajita	Nirmala	Kokila	Kruti Dev	Annapurna	Sharad 75
त्र	त्र	त्र	त्र	त्र	त्र

क्षत्रिय	क्षत्रिय	Kshatriya, Krieger, Kriegerkaste

↓

श + र → श्र

Aparajita	Nirmala	Kokila	Kruti Dev	Annapurna	Sharad 75
श्र	श्र	श्र	श्र	श्र	श्र

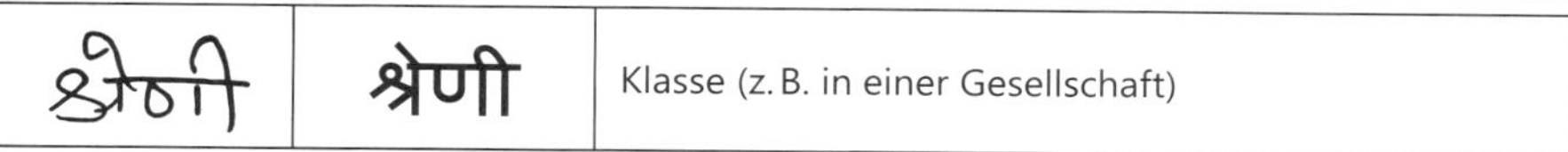

श्रेणी	श्रेणी	Klasse (z. B. in einer Gesellschaft)

↓

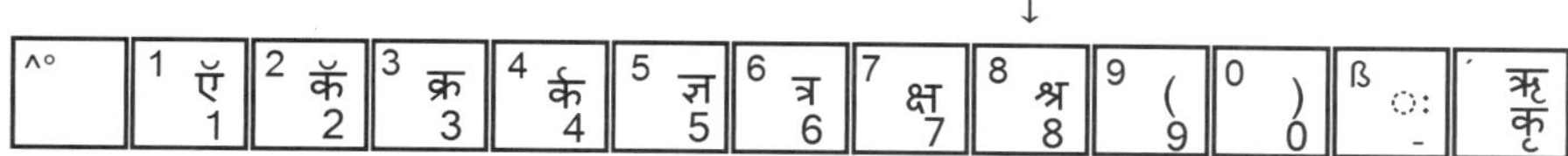

^°	1 ऍ 1	2 कॅ 2	3 क्र 3	4 र्क 4	5 ज्ञ 5	6 त्र 6	7 क्ष 7	8 श्र 8	9 (9	0) 0	ß ः -	´ ऋ ृ

4.3 ऋ [ri] abhängig ृ – Alternative Schreibweise ऋ

4.3.1 ऋ steht in unabhängiger Position für [ri]

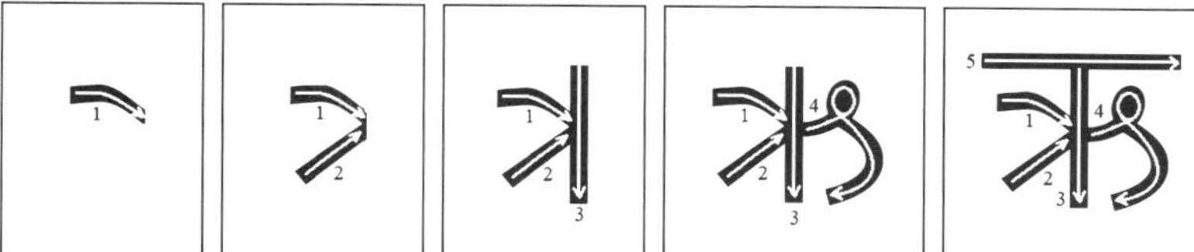

Aparajita	Nirmala	Kokila	Kruti Dev	Annapurna	Sharad 75
ऋ	ऋ	ऋ	ऋ	ऋ	ऋ

ऋषि	ऋषि	Rishi, Seher, Weiser (auch Eigenname)

↓

^°	1 ऍ 1	2 कॅ 2	3 क्र 3	4 र्क 4	5 ज्ञ 5	6 त्र 6	7 क्ष 7	8 श्र 8	9 (9	0) 0	ß ः -	´ ऋ ृ

4.3.2 ृ steht in abhängiger Position für [ri]

Aparajita	Nirmala	Kokila	Kruti Dev	Annapurna	Sharad 75
कृ	कृ	कृ	कृ	कृ	कृ

कृपा	कृपा	Freundlichkeit

↓

^°	1 ऍ 1	2 कॅ 2	3 क्र 3	4 र्क 4	5 ज्ञ 5	6 त्र 6	7 क्ष 7	8 श्र 8	9 (9	0) 0	ß ः -	´ ऋ ृ

5.1 Die retroflexen Konsonanten

5.1.1 ट, /ṭa/

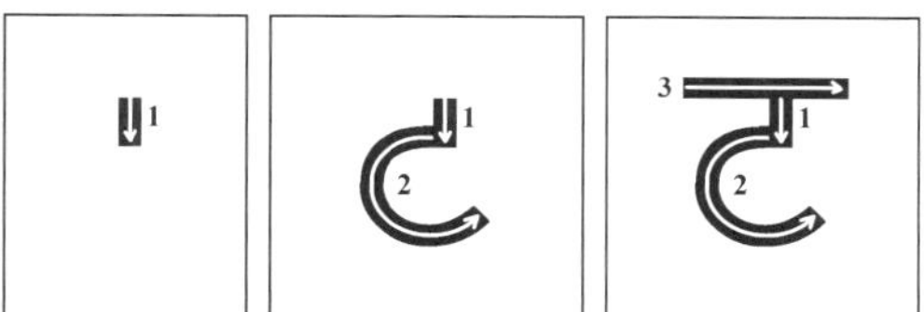

Aparajita	Nirmala	Kokila	Kruti Dev	Annapurna	Sharad 75
ट	ट	ट	ट	ट	ट ट ट

टिकट	टिकट	Ticket
स्टेशन	स्टेशन	Station

A	S	D	F	G	H	J	K	L	Ö	Ä ↓	#'
ओ को	ए के	अ क्	इ कि	उ कु	फ प	ऱ र	ख क	थ त	छ च	ठ ट	ऑ कॉ

5.1.2 ठ, /ṭha/

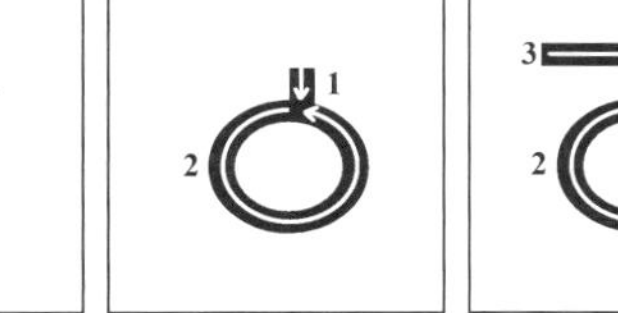

Aparajita	Nirmala	Kokila	Kruti Dev	Annapurna	Sharad 75
ठ	ठ	ठ	ठ	ठ	ठ ठ ठ

चिट्ठी	चिट्ठी	Brief

A	S	D	F	G	H	J	K	L	Ö	Ä ↓	#'
ओ को	ए के	अ क्	इ कि	उ कु	फ प	ऱ र	ख क	थ त	छ च	ठ ट	ऑ कॉ

5.1.3 ड, /ḍa/

Aparajita	Nirmala	Kokila	Kruti Dev	Annapurna	Sharad 75
ड	ड	ड	ड	ड	ड ड ड

डाढ़ी	डाढ़ी	Bart

↓

Q	W	E	R	T	Z	U	I	O	P	Ü	*
औ कौ	ऐ कै	आ का	ई की	ऊ कृ	भ ब	ङ ह	घ ग	ध द	झ ज	ढ ड	ञ क़

5.1.4 ढ, /ḍha/

Aparajita	Nirmala	Kokila	Kruti Dev	Annapurna	Sharad 75
ढ	ढ	ढ	ढ	ढ	ढ ढ ढ

ढीला	ढीला	locker

↓

Q	W	E	R	T	Z	U	I	O	P	Ü	*
औ कौ	ऐ कै	आ का	ई की	ऊ कृ	भ ब	ङ ह	घ ग	ध द	झ ज	ढ ड	ञ क़

5.1.5 ण, /ɳa/

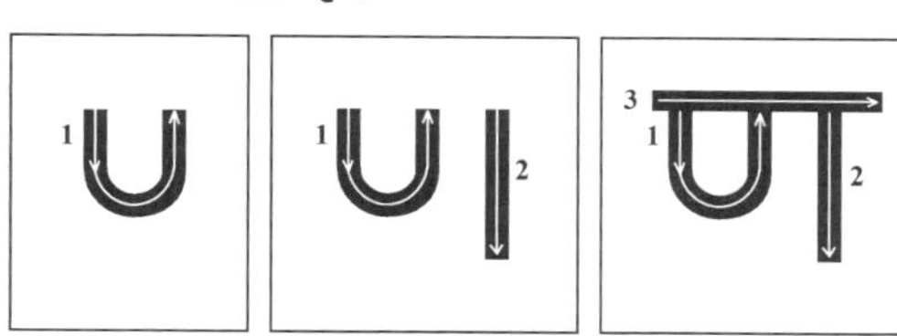

Aparajita	Nirmala	Kokila	Kruti Dev	Annapurna	Sharad 75	Ältere Form
ण	ण	ण	ण	ण	ण ण	ण ण

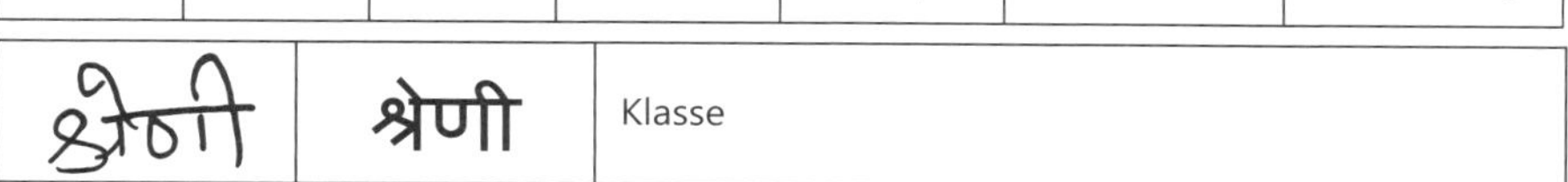

< >	Y	X ↓	C	V	B	N	M	;	:	–
ऑ कॉ		कँ कं	ण म	न	व	ळ ल	श स	ष ,	। .	य़ य

5.2 Die retroflexen r-Laute ड़ und ढ़

5.2.1 ड़ /ɽa/

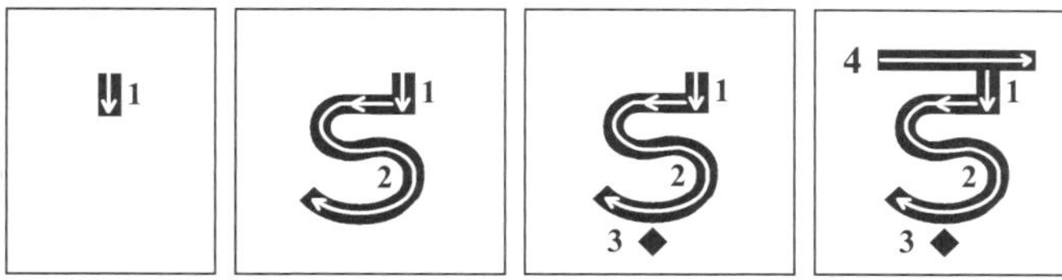

Aparajita	Nirmala	Kokila	Kruti Dev	Annapurna	Sharad 75
ड़	ड़	ड़	ड़	ड़	ड़ ड़ ड़

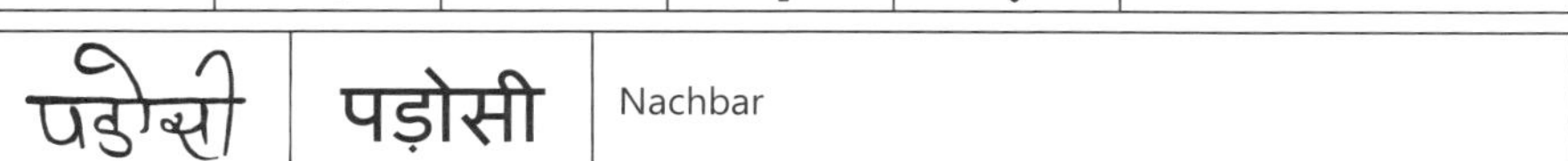

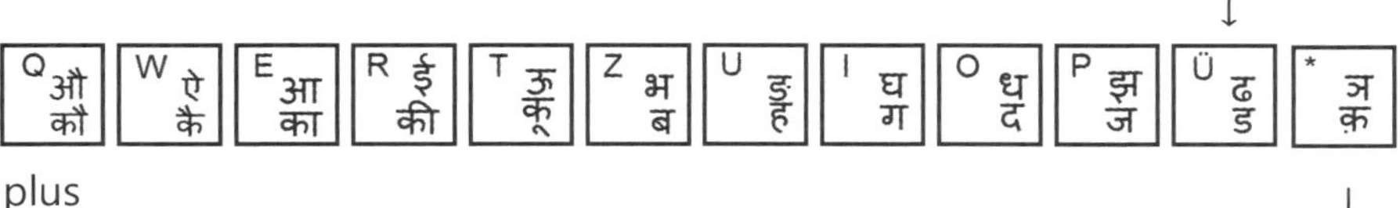

Q	W	E	R	T	Z	U	I	O	P	Ü ↓	*
औ कौ	ऐ कै	आ का	ई की	ऊ कू	भ ब	ङ ह	घ ग	ध द	झ ज	ढ ड	ञ क़

plus

Q	W	E	R	T	Z	U	I	O	P	Ü	* ↓
औ कौ	ऐ कै	आ का	ई की	ऊ कू	भ ब	ङ ह	घ ग	ध द	झ ज	ढ ड	ञ क़

5.2.2 ढ़, /ɽha/

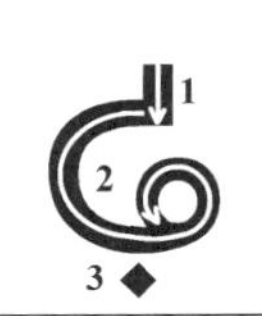

Aparajita	Nirmala	Kokila	Kruti Dev	Annapurna	Sharad 75
ढ़	ढ़	ढ़	ढ़	ढ़	ढ़ ढ़ ढ़

डाढ़ी	डाढ़ी	Bart

↓

Q औ कौ	W ऐ कै	E आ का	R ई की	T ऊ कू	Z भ ब	U ङ ह	I घ ग	O ध द	P झ ज	Ü ढ ड	* ञ क़

plus ↓

Q औ कौ	W ऐ कै	E आ का	R ई की	T ऊ कू	Z भ ब	U ङ ह	I घ ग	O ध द	P झ ज	Ü ढ ड	* ञ क़

5.3 Wichtige Ligaturen क्ष und त्र

5.3.1 क्ष, /kʃa/

क + ् + ष → क्ष

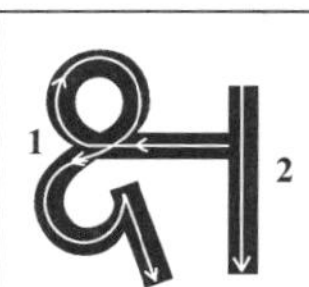

Aparajita	Nirmala	Kokila	Kruti Dev	Annapurna	Sharad 75
क्ष	क्ष	क्ष	क्ष	क्ष	क्ष

कक्षा	कक्षा	(Schul)klasse

↓

^°	1 ऍ 1	2 कॅ 2	3 क्र 3	4 र्क 4	5 ज्ञ 5	6 त्र 6	7 क्ष 7	8 श्र 8	9 (9	0) 0	ß ः -	´ ऋ कृ

5.3.2 त्त, /tta/

त + ् + त → त्त

   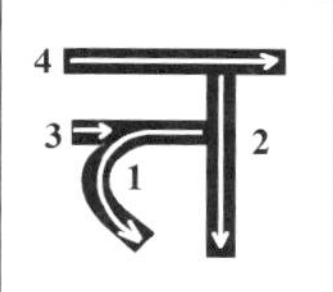

Aparajita	Nirmala	Kokila	Kruti Dev	Annapurna	Sharad 75
त्त	त्त	त्त	त्त	त्त	त्त

	कुत्ता	Hund

								↓			
A ओ को	S ए के	D अ क्	F इ कि	G उ कु	H फ प	J ऱ र	K ख क	L थ त	Ö छ च	Ä ठ ट	#' ऑ कॉ

plus

		↓									
A ओ को	S ए के	D अ क्	F इ कि	G उ कु	H फ प	J ऱ र	K ख क	L थ त	Ö छ च	Ä ठ ट	#' ऑ कॉ

plus

								↓			
A ओ को	S ए के	D अ क्	F इ कि	G उ कु	H फ प	J ऱ र	K ख क	L थ त	Ö छ च	Ä ठ ट	#' ऑ कॉ

5.3.3 ज्ञ, [gjə]

ज + ् + ञ → ज्ञ

  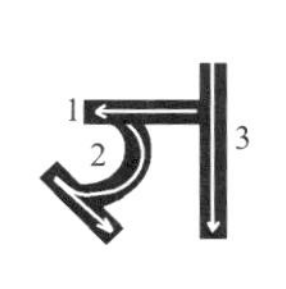 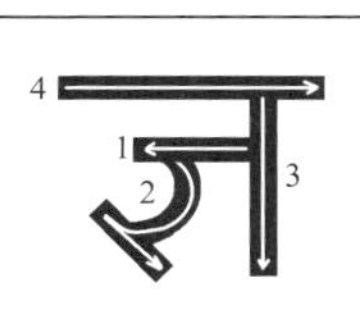

Aparajita	Nirmala	Kokila	Kruti Dev	Annapurna	Sharad 75
ज्ञ	ज्ञ	ज्ञ	ज्ञ	ज्ञ	ज्ञ

ज्ञानी	ज्ञानी	Weiser, Gelehrter

					↓							
^°	1 ऍ 1	2 कॅ 2	3 क्र 3	4 र्क 4	5 ज्ञ 5	6 त्र 6	7 क्ष 7	8 श्र 8	9 (9	0) 0	ß ः -	´ ऋ कृ

Graphemische Ähnlichkeiten

In diesem Abschnitt soll auf Ähnlichkeiten zwischen einzelnen Buchstaben hingewiesen werden, die zu Verwechselungen führen können. Eine solche Verwechselungsgefahr besteht insbesondere bei handschriftlichen Texten.

In einem ersten Schritt werden die Unterschiede der zentralen Buchstaben behandelt. Danach werden auch Ligaturen mit einbezogen.

1	2	3	4	5	6	7	8	9	10
इ /i/	द /da/	घ /gʱa/	य /ja/	म /ma/	क /ka/	स /sa/	ख /kʰ/	कु /ku/	ग /na/
ड /ɖa/	ट /ʈa/	ध /dʱa/	थ /tha/	भ /bʱa/	फ /pʰa/	झ /dʒʱa/	रव /r/ + /va/ = /rva/[3]	कृ /kri/	ण /ɳa/
उ /u/	ढ /ɖʱa/							कू /ku:/	

Bezieht man auch Ligaturen ein, so kann die obige Tabelle wie folgt ergänzt werden:

Spalte 3: घ ↔ ध ↔ द्य
द् + य → द्य

Beispiel: विद्यार्थी *Student*

Spalte 7: स ↔ झ ↔ द्म

द् + म → द्म

Beispiel: छद्म *Betrug*

Spalte 8: ख ↔ रव ↔ स्व
स् + व → स्व

Beispiel: स्वाद *Geschmack*

3 In den meisten Fällen fällt bei der Abfolge र + व das inhärente [ə] bei र weg: करवट /karvaʈ/ (*Seite, Position*).

Weiterhin:

a) ह ↔ द्द
द् + द → द्द

Beispiel: खद्दर *handgewebtes Tuch, Khaddar*

b) ज ↔ ज्ञ
ज् + ञ → ज्ञ

Beispiel: ज्ञानी *Weiser, Gelehrter*

c) ह्म ↔ ह्य
ह् + म → ह्म
ह् + य → ह्य

Beispiel: ब्राह्मण *Brahmane*
ग्राह्य *akzeptabel*

Um Vertrautheit mit den Zeichen der Devanāgarī-Schrift zu erwerben, wird empfohlen, während der Lektüre der einzelnen Kapitel die Beispiele abzuschreiben. In einem zweiten Schritt sollten dann am Ende des jeweiligen Kapitels die Übungsaufgaben bearbeitet werden.

Die folgenden Aufgaben sind nach den Kapiteln des ersten Teils geordnet.

Am Ende der jeweiligen Kapitel werden Hinweise auf die Lösung der Aufgaben gegeben.

1 Übungen Kapitel 1

1.1 Lesen Sie folgende Wörter aus Lektion 1. Sie können sie auch zusätzlich transliterieren.

बात – पिता – पर – कम – तीन – काम – ईमान – अब – बीस – अमरिका – कितना – कितना – आम.

1.2 Schreiben Sie folgende Wörter aus der Lektion 1.

/a:p/ – /pi:na:/ – /bina:/ – /itna:/ – /mat/ – /ami:r/ – /ka:n/ – /i:sai:/ – /kitna:/ – /ima:rat/ – /pa:ni:/ – /ra:t/ – /pati:/ – /mat/ – /par/ – /amar/ – /a:p/ – /pi:na:/ – /bina:/ – /itna:/ – /mat/ – /ami:r/ – /ka:n/ – /i:sai:/.

1.3 Lesen Sie die folgenden <u>neuen</u> Wörter mit den Buchstaben aus Lektion 1.

अनबन Konflikt – आराम Ruhe – निराई Hochzeit – इकरार Versprechen – इकतारा Ektara [einsaitiges Musikinstrument] – पका reif – किया Handlung – कई mehrere, viele – ताकि so dass, damit – तीर Pfeil – अपार grenzenlos – बिताना [Zeit] verbringen – नाई Friseur, Barbier.

Lösungen Kapitel 1

1.1

बात /ba:t/ – पिता /pita:/ – पर /par/ – कम /kam/ – तीन /ti:n/ – काम /ka:m/ – ईमान /i:ma:n/ – अब /ab/ – बीस /bi:s/ – अमरिका /amrika:/ – कितना /kitna:/ – आम /a:m/.

1.2

/a:p/ आप – /pi:na:/ पीना – /bina:/ बिना – /itna:/ इतना – /mat/ मत – /ami:r/ अमीर – /ka:n/ कान – /i:sai:/ ईसाई – /kitna:/ कितना – /ima:rat/ इमारत – /pa:ni:/ पानी – /ra:t/ रात – /pati:/ पती – /mat/ मत – /par/ पर – /amar/ अमर – /a:p/ आप – /pi:na:/ पीना – /bina:/ बिना – /itna:/ इतना – /mat/ मत – /ami:r/ अमीर – /ka:n/ कान – /i:sai:/ ईसाई.

1.3

अनबन /anban/ Konflikt – आराम /a:ra:m/ Ruhe – निराई /nira:i:/ Hochzeit – इकरार /ikara:r/ Versprechen – इकतारा /ikta:ra:/ Ektara [einsaitiges Musikinstrument] – पका /paka:/ reif – किया /kija:/ Handlung – कई /kai:/ mehrere, viele – ताकि /ta:ki/ so dass, damit – तीर /ti:r/ Pfeil – अपार /apa:r/ grenzenlos – बिताना /bita:na:/ [Zeit] verbringen – नाई /na:i:/ Friseur, Barbier

2 Übungen Kapitel 2

2.1 Lesen Sie folgende Wörter aus Lektion 2. Sie können sie auch zusätzlich transliterieren.

ऊन – गीत – पैसा – पुराना – हमारा – पीला – चाय – नेपाल – तैरना – पूरा – मुबारक – एक – लेना – उनतीस – लाल – चाचा – ऐनक.

2.2 Schreiben Sie folgende Wörter aus der Lektion 2.

/uska:/ – /nætik/ – /ke lie/ – /æb/ – /ʧa:r/ – /ja:/ – /kama:u:/ – /ma:lu:m/ – /mera:/ – /hara:/ – /bilkul/ – /samaj/ – /tum/ – /gi:t/.

2.3 Lesen Sie die folgenden <u>neuen</u> Wörter mit den Buchstaben aus Lektion 2.

एलान Verkündung, Ansage – सेना Armee – ऐसा so, von dieser Art – है er, sie, es ist – लैस ausgerüstet – ऊनी aus Wolle – बहू Schwiegertochter – सुनना zuhören – किराया Miete – हेतु Motiv – लेकिन aber – गैस Gas – चुप still, ruhig.

2.4 Schreiben Sie die folgenden Wörter aus Lektion 2. Verbinden Sie die fettgedruckten Konsonanten zu einer Ligatur.

/**kj**a/ – /tu**mh**a:ra:/ – /**kl**ab/ – /**tj**a:g/ – /sa**st**a:/ – /a:**tm**a:/ – /tura**nt**/ – /u**nn**i:s/ – /pe**ns**il/ – /**sk**u:l/ – /a**ks**ar/ /ʧa**mm**aʧ/ – /ʧa**pp**al/ – /**pj**a:r/.

2.5 Schreiben Sie die folgenden <u>neuen</u> Wörter. Verbinden Sie die fettgedruckten Konsonanten zu einer Ligatur.

/sa:hi**tj**a/ Literatur – /maha:**tm**a:/ Mahatma – /a**nn**a/ Korn – /i**ns**a:n/ Mensch – /ku**mh**a:r/ Töpfer – /ga**pp**i:/ Tratsch, Klatsch – /**pj**a:s/ Durst – /ta**sk**ar/ Schmuggler – /va:**kj**a/ Satz *(sentence)*.

Lösungen Kapitel 2

2.1

ऊन /u:n/ – गीत /gi:t/ – पैसा /pæsa:/ – पुराना /pura:na:/ – हमारा /hama:ra:/ – पीला /pi:la:/ – चाय /ʧa:j/ – नेपाल /nepa:l/ – तैरना /tærna:/ – पूरा /pu:ra:/ – मुबारक /muba:rak/ – एक /ek/ – लेना /lena:/ – उनतीस /unti:s/ – लाल /la:l/ – चाचा /ʧa:ʧa:/ – ऐनक /ænak/.

2.2

/uska:/ उसका – /nætik/ नैतिक – /ke lie/ के लिए – /æb/ ऐब – /ʧa:r/ चार – /ja:/ या – /kama:u:/ कमाऊ – /ma:lu:m/ मालूम – /mera:/ मेरा – /hara:/ हरा – /bilkul/ बिलकुल – /samaj/ समय – /tum/ तुम – /gi:t/ गीत.

2.3

एलान /ela:n/ Verkündung, Ansage – सेना /sena:/ Armee – ऐसा /æsa:/ so, von dieser Art – है /hæ/ er, sie, es ist – लैस /læs/ ausgerüstet – ऊनी /u:ni:/ aus Wolle – बहू /bahu:/ Schwiegertochter – सुनना /sunna:/ zuhören – किराया /kira:ja:/ Miete – हेतु /hetu/ Motiv – लेकिन /lekin/ aber – गैस /gæs/ Gas – चुप /ʧup/ still, ruhig.

2.4

/**kj**a/ क्या – /tu**mh**a:ra:/ तुम्हारा – /**kl**ab/ क्लब – /**tj**a:g/ त्याग – /sa**st**a:/ सस्ता – /a:**tm**a:/ आत्मा – /tura**nt**/ तुरन्त – /u**nn**i:s/ उन्नीस – /pe**ns**il/ पेन्सिल – /**sk**u:l/ स्कूल – /a**ks**ar/ अक्सर – /ʧa**mm**aʧ/ चम्मच – /ʧa**pp**al/ चप्पल – /**pj**a:r/ प्यार.

2.5

/sa:hi**tj**a/ साहित्य Literatur – /maha:**tm**a:/ महात्मा Mahatma – /a**nn**a/ अन्न Korn – /i**ns**a:n/ इन्सान Mensch – /ku**mh**a:r/ कुम्हार Töpfer – /ga**pp**i:/ गप्पी Tratsch, Klatsch – /**pj**a:s/ प्यास Durst – /ta**sk**ar/ तस्कर Schmuggler – /va:**kj**a/ वाक्य Satz *(sentence)*.

3 Übungen Kapitel 3

3.1 Lesen Sie folgende Wörter aus Lektion 3. Sie können sie auch zusätzlich transliterieren.

जेब – बोलना – दस – और – रविवार – रोज़ – ऊँचा – कौन – पाँच – ओर – दाम – शाम – मेज़.

3.2 Schreiben Sie folgende Wörter aus Lektion 3.

/go:ri:/ – /mo:han/ – /ɔ:rat – /sɔ:/ – /ʤava:b/ – /da:da:/ – /dɪn/ – /ʃa:jad/ – /ʃa:har/ – /a:ʃa:/ – /mazbu:t/ – /tarbu:z/ – /ãdhera:/ – /mɦila:ẽ/ – /ũgli:/ – /mũɦ/.

3.3 Lesen Sie die folgenden neuen Wörter mit den Buchstaben aus der Lektion 3. Sie können sie auch zusätzlich transliterieren.

केवल nur – कोश Lexikon – काँसा Bronze – औसत Durchschnitt – चश्मा Brille – रोना weinen – चाँद Mond – दूसरा zweiter – कोशिश Versuch – सजग vorsichtig – तमाशा Schauspiel, Spektakel – कलेवा Frühstück – चीज़ Ding – ज़हर Gift – कोर Rand – पैदा geboren – बाज़ार Markt.

Lösungen Kapitel 3

3.1

जेब /dʒeb/ – बोलना /bo:lna:/ – दस /das/ – और /ɔ:r/ – रविवार /raviva:r/ – रोज़ /ro:z/ – ऊँचा /ũ:ʧa:/ – कौन /kɔ:n/ – पाँच /pã:ʧ/ – ओर /o:r/ – दाम /da:m/ – शाम /ʃa:m/ – मेज़ /mez/.

3.2

/go:ri:/ गोरी – /mo:han/ मोहन – /ɔ:rat/ औरत – /sɔ:/ सौ – /dʒava:b/ जवाब – /da:da:/ दादा – /dɪn/ दिन – /ʃa:jad/ शायद – /ʃa:har/ शहर – /a:ʃa:/ आशा – /mazbu:t/ मज़बूत – /tarbu:z/ तरबूज़ – /ãdhera:/ अँधेरा – /mɦila:ẽ/ महिलाएँ – /ũgli:/ उँगली – /mũɦ/ मुँह.

3.3

केवल /keval/ nur – कोश /ko:ʃ/ Lexikon – काँसा /kã:sa:/ Bronze – औसत /ɔ:sat/ Durchschnitt – चश्मा /ʧashma:/ Brille – रोना /ro:na:/ weinen – चाँद /ʧa:d/ Mond – दूसरा /du:s·ra:/ zweiter – कोशिश /ko:shiʃ/ Versuch – सजग /sadʒag/ vorsichtig – तमाशा /tama:sha:/ Schauspiel, Spektakel – कलेवा /kaleva:/ Frühstück – चीज़ /ʧi:z/ Ding – ज़हर /zahar/ Gift – कोर /ko:r/ Rand – पैदा /pæda:/ geboren – बाज़ार /ba:za:r/ Markt.

4 Übungen Kapitel 4

4.1 Lesen Sie folgende Wörter aus Lektion 4. Sie können sie auch zusätzlich transliterieren.

खाना – खेलना – घर – घी – कुछ – छोटा – छह – मुझे – झील – हाथ – पथ – फूल – फल – भाई – भूख – दूध – धोना.

4.2 Schreiben Sie folgende Wörter aus Lektion 4

/pankha:/ – /sikhna:/ – /gha:tak/ – /ghor/ – /ʧhat/ – /ke pi:ʧhe/ – /aʧʧha:/ – /ʧhah/ – /boʤh/ – /ʤha:n/ – /tha:/ – /thæla:/ – /path/ – /phir/ – /saphal/ – /bha:rat/ – /dhu:l/ – /dhi:re/.

4.3 Lesen Sie die folgenden neuen Wörter mit den Buchstaben der Lektion 4. Sie können sie auch zusätzlich transliterieren.

साधन Mittel, Ressource – छाल Rinde, Borke – रिझाना faszinieren, bezaubern – फूस Stroh – खिलना blühen – घिन Abneigung, Hass – गुफा Höhle – अनाथ Waisenkind – भाप Dampf – सीधे direkt – थमना aufhören – झाग Schaum – खरापन Reinheit – रीछ Bär – अभय furchtlos – घना dick, undurchdringlich.

4.4 Lesen Sie folgende Wörter mit र aus Lektion 4. Sie können sie auch zusätzlich transliterieren.

शुरू – निर्देश – फ़र्क – प्रेम – उर्दू – रूसी – पर्वत – सदर्री – सामग्री – परिवर्तन.

4.5 Schreiben Sie folgende Wörter mit र aus Lektion 4.

/sard/ – /ruʧi/ – /guru/ – /ru:si:/ – /urvar/ – /ʃuru:/ – /ru:ma:l/ – /guruva:r/ – /parda:/

4.6 Lesen Sie die folgenden neuen Wörter mit र. Sie können sie auch zusätzlich transliterieren.

भीरु furchtsam – दुर्बल schwach, unstabil – शुक्रिया Danke schön! – प्रतिभा Talent – निर्दय gnadenlos – बारूद Schießpulver – गर्व Stolz – आवारागर्दी Faulenzerei, Herumlungern – उग्र radikal – नर्तक Tänzer.

4.7 Lesen Sie folgende Wörter mit ऋ aus Lektion 4. Sie können sie auch zusätzlich transliterieren.

ऋषिकेश – ऋतु – गृहस्थी – मृग – सृजन.

4.8 Schreiben Sie folgende Wörter mit ऋ aus Lektion 4.

/brihaspativa:r/ – /kripa:/ – /riʃi/ – /mrig/.

4.9 Lesen Sie die folgenden neuen Wörter der Lektion 4. Sie können sie auch zusätzlich transliterieren.

तृतीय dritter – मृदु sanft, milde – स्नानगृह Badezimmer – स्वीकृति Akzeptanz.

Lösungen Kapitel 4

4.1

खाना /kha:na:/ – खेलना /khelna:/ – घर /ghar/ – घी /ghi:/ – कुछ /ku ʧh/ – छोटा /ʧho:ʈa:/ – छह /ʧhah/ – मुझे /muʤhe/ – झील /ʤhi:l/ – हाथ /ha:th/ – पथ /path/ – फूल /phu:l/ – फल /phal/ – भाई /bha:i:/ – भूख /bhu:kh/ – दूध du:dh/ – धोना /dho:na:/.

4.2

/pankha:/ पंखा – /sikhna:/ सीखना – /gha:tak/ घातक – /gho:r/ घोर – /ʧhat/ छत – /ke pi:ʧhe/ (के) पीछे – /aʧʧha:/ अच्छा – /ʧhah/ छह – /bo:ʤh/ बोझ – /ʤha:n/ झाग – /tha:/ था – /thæla:/ थैला – /path/ पथ – /phir/ फिर – /saphal/ सफल – /bha:rat/ भारत – /dhu:l/ धूल – /dhi:re/ धीरे.

4.3

साधन /sa:dhan/ Mittel, Ressource – छाल /ʧha:l/ Rinde, Borke – रिझाना /ridʒha:na:/ faszinieren, bezaubern – फूस /phu:s / Stroh – खिलना /khilna:/ blühen – घिन /ghin/ Abneigung, Hass – गुफा /gupha:/ Höhle – अनाथ /ana:th/ Waisenkind – भाप /bha:p/ Dampf – सीधे /si:dhe/ direkt – थमना /thamna:/ aufhören – झाग /dʒha:g/ Schaum – खरापन /khara:pan/ Reinheit – रीछ /ri: ʧh/ Bär – अभय /abhay/ furchtlos – घना /ghana:/ dick, undurchdringlich.

4.4

शुरू /ʃuru:/ – निर्देश /nirdeʃ/ – फ़र्क /fark/ – प्रेम /prem/ – उर्दू /urdu:/ – रूसी /ru:si:/ – पर्वत /parvat/ – सर्दी /sardi:/ – सामग्री /sa:magri:/ – परिवर्तन /parivartan/.

4.5

/sard/ सर्द – /ruʧi/ रुचि – /guru/ गुरु – /ru:si:/ रूसी – /urvar/ उर्वर – /ʃuru:/ शुरू – /ru:ma:l/ रूमाल – /guruv:ar/ गुरुवार – /parda:/ पर्दा.

4.6

भीरु /bhi:ru/ furchtsam – दुर्बल /durbal/ schwach, unstabil – शुक्रिया /ʃukrija:/ Danke schön! – प्रतिभा /pratibha:/ Talent – निर्दय /nirday/ gnadenlos – बारूद /baru:d/ Schießpulver – गर्व /garv/ Stolz – आवारागर्दी /a:va:ra:gardi:/ Faulenzerei, Herumlungern – उग्र /ugra/ radikal – नर्तक /nartak/ Tänzer.

4.7

ऋषिकेश /riʃikeʃ/ – ऋतु /ritu/– गृहस्थी /grihasthi:/ – मृग /mrig/ – सृजन /sridʒan/.

4.8

/brihaspativa:r/ बृहस्पतिवार – /kripa:/ कृपा – /riʃi/ ऋषि –/mrig/ मृग.

4.9

तृतीय /triti:j/ dritter – मृदु /mridu/ sanft, milde – स्नानगृह /sna:ngrih/ Badezimmer – स्वीकृति /svi:kriti/ Akzeptanz.

5 Übungen Kapitel 5

5.1 Lesen Sie folgende Wörter aus Lektion 5. Sie können sie auch zusätzlich transliterieren.

टमाटर – ठीक – डिब्बा – गणेश – कारण – छोटा – मीठा – बाण – ढाई – मिनट – मेढक – पाठ – डाक.

5.2 Schreiben Sie folgende Wörter aus Lektion 5.

/peʈ/ – /gaɳit/ – /bæʈhna:/ – /a:ʈh/ – /ɖhi:la:/ – /a:ʈa:/ – /va:ra:ɳasi:/ – /ɖar/ – /kaʈhin/ – /ʈu:ʈna:/ – /ɖa:l/ – /ɖa:kʈar/ – /guɳ/ – /ɖher/.

5.3 Lesen Sie die folgenden <u>neuen</u> Wörter mit den Buchstaben der Lektion 5. Sie können sie auch zusätzlich transliterieren.

निपट vollkommen, total – काठ Holz – डला Klumpen – ढर्रा Weg, Methode – करुणा Mitgefühl – काटा Biss – ठोस solide, fest – डोल Eimer – ढहाना abreißen, zerstören – तरुण jung – खोटा falsch, betrügerisch – साठ sechzig – निडर mutig, furchtlos.

5.4 Lesen Sie folgende Wörter aus Lektion 5. Sie können sie auch zusätzlich transliterieren.

साफ़ – पढ़ना – वर्ष – बढ़िया – ग़रीब – डेढ़– क़िला – छुट्टी – लड़का – ख़राब – रक्त – काफ़ी – घड़ी – काग़ज़ – अक्षर – प्रातः – कुत्ता.

5.5 Schreiben Sie folgende Wörter aus Lektion 5.

/qami:z/ – /ka:fi:/ – /ɣalat/ – /χartʃ/ – /bha:ʃa: /– /sabaq/ – /χari:dna/ – /laɽki:/ – /puruʃ/ – /kakʃa:/ – /ɣussa:/ – /muʈhʈhi:/ – /paɽha:na:/ – /gja:n/ – /sa:ɽi:/

5.6 Lesen Sie die folgenden <u>neuen</u> Wörter mit den Buchstaben aus der Lektion 5. Sie können sie auch zusätzlich transliterieren.

क़द Höhe, Größe – तरफ़ Richtung – मुरग़ी Huhn – ख़ेमा Zelt – कृषि Ackerbau – क्षण Moment – कीड़ा Wurm – तगड़ा stark – दहाड़ Gebrüll – पक्षपात Vorurteil – बाढ़ Flut – दाग़ Fleck (*stain*) – बढ़ावा Ermutigung.

Lösungen Kapitel 5

5.1

टमाटर /ʈama:ʈar/ – ठीक /ʈhi:k/ – डिब्बा /ɖibba:/ – गणेश /gaɳeʃ/ – कारण /ka:ra ɳ/ – छोटा /ʧho:ʈa:/ – मीठा /mi:ʈha:/ – बाण /ba:ɳ/ – ढाई /ɖha:i:/ – मिनट /minaʈ/ – मेढक /meɖhak/ – पाठ /pa: ʈh/ – डाक /ɖa:k/.

5.2

/peʈ/ पेट – /gaɳit/ गणित – /bæʈhna:/ बैठना – /a:ʈh/ आठ – /ɖhi:la:/ ढीला – /a:ʈa:/ आटा – /va:ra:ɳasi:/ वाराणसी – /ɖar/ डर – /kaʈhin/ कठिन – /ʈu:ʈna:/ टूटना – /ɖa:l/ डाल – /ɖa:kʈar/ डाक्टर – /guɳ/ गुण – /ɖher/ ढेर.

5.3

निपट /nipaʈ/ vollkommen, total – काठ /ka:ʈh/ Holz – डला /ɖala:/ Klumpen – ढर्रा /ɖharra:/ Weg, Methode – करुणा /karuɳa:/ Mitgefühl – काटा /ka:ʈa:/ Biss – ठोस /ʈho:s/ solide, fest – डोल /ɖo:l/ Eimer – ढहाना /ɖhaha:na:/ abreißen, zerstören – तरुण /taruɳ/ jung – खोटा /kho:ʈa:/ falsch, betrügerisch – साठ /sa:ʈh/ sechzig – निडर /niɖar/ mutig, furchtlos.

5.4

साफ़ /sa:f/ – पढ़ना /paɽhna:/ – वर्ष /varʃ/ – बढ़िया /baɽhija:/ – ग़रीब /ɣari:b/ – डेढ़ /ɖeɽh/ – क़िला /qila:/ – छुट्टी /ʧhuʈʈi:/ – लड़का /laɽka:/ – ख़राब /χara:b/ – रक्त /rakta/ – काफ़ी /ka:fi:/ – घड़ी /ghaɽi:/ – काग़ज़ /ka:ɣz/ – अक्षर /akʃar/ – प्रातः /pra:tah/ – कुत्ता /kutta:/.

5.5

/qami:z/ क़मीज़ – /ka:fi:/ काफ़ी – /ɣalat/ ग़लत – /χarʧ/ ख़र्च – /bha:ʃa:/ भाषा – /sabaq/ सबक़ – /χari:dna/ ख़रीदना – /laɽki:/ लड़की – /puruʃ/ पुरुष – /kakʃa:/ कक्षा – /ɣussa:/ ग़ुस्सा – /muʈhʈhi:/ मुट्ठी – /paɽha:na:/ पढ़ाना – /gja:n/ ज्ञान – /sa:ɽi:/ साड़ी.

5.6

क़द /qad/ Höhe, Größe – तरफ़ /taraf/ Richtung – मुरग़ी /murɣi:/ Huhn – ख़ेमा /χema:/ Zelt – कृषि /kriʃi/ Ackerbau – क्षण /kʃaɳ/ Moment – कीड़ा /ki:ɽa:/ Wurm – तगड़ा /tagɽa:/ stark – दहाड़ /daha:ɽ/ Gebrüll – पक्षपात /pakʃapa:t/ Vorurteil – बाढ़ /ba:ɽh/ Flut – दाग़ /da:ɣ/ Fleck (*stain*) – बढ़ावा /baɽha:va:/ Ermutigung.

8.1 Transliterationssysteme im Überblick

8.1.1 Vokale

Devanāgarī	Hunterian	ISO 15919	Bahri	Snell	ITRANS	IAST	hier	IPA
अ	a	a	a	a	a	a	a	[ə]
आ	ā	ā	ā	ā	aa	ā	a:	[ɑ:]
इ	i	i	i	i	i	i	i	[ɪ]
ई	ī	ī	ī	ī	ii	ī	i:	[i:]
उ	u	u	u	u	u	u	u	[ʊ]
ऊ	ū	ū	ū	ū	uu	ū	u:	[u:]
ए	e	ē	e	e	e	e	e	[e:]
ऐ	ai	ai	āī	ai	ai	ai	æ	[ɛ:]
ओ	o	ō	o	o	o	o	o:	[o:]
औ	au	au	āū	au	au	au	ɔ:	[ɔ:]
अं	m n	ṁ	n ṅ ñ	n ṅ ñ	.n .m	ṃ	n m ŋ ɲ ɳ	[n m ŋ ɲ ɳ]
अः	h	ḥ	ḥ	ḥ	H	ḥ	h	[ɦ]
अँ	m n	m̐ ◌̃	◌̃	◌̃	.N	ṃ	◌̃	◌̃

8.1.2 Konsonanten

Devanāgarī	Hunterian	Iso 15919	Bahri	Snell	ITRANS	IAST	hier	IPA
क	k	k	k	k	k	k	k	[k]
ख	kh	kh	kh	kh	kh	kh	kh	[k^{h}]
ग	g	g	g	g	g	g	g	[g]
घ	gh	gh	gh	gh	gh	gh	gh	[g^{ɦ}]
ङ	n	ṅ	ṅ	ṅ	ṅ	ṅ	ŋ	[ŋ]
च	ch	c	ch	c	ch	c	ʧ	[ʧ] [t͡ʃ]
छ	chh	ch	chh	ch	Ch	ch	ʧh	[ʧ^{h}] [t͡ʃ^{h}]
ज	j	j	j	j	j	j	ʤ	[dʒ] [ʤ] [d͡ʒ]
झ	jh	jh	jh	jh	jh	jh	ʤh	[dʒ^{h}] [ʤ^{h}] [d͡ʒ^{h}]
ञ	n	ñ	ñ	ñ	ñ	ñ	ɲ	[ɲ][4]

4 nur in Verbindung mit einem palatalen Konsonanten, insbesondere mit [ʤ].

Deva-nāgarī	Hun-terian	Iso 15919	Bahri	Snell	ITRANS	IAST	hier	IPA
ट	t	ṭ	ṭ	ṭ	T	ṭ	ʈ	[ʈ]
ठ	th	ṭh	ṭh	ṭh	Th	ṭh	ʈh	[ʈʰ]
ड	d	ḍ	ḍ	ḍ	D	ḍ	ɖ	[ɖ]
ढ	dh	ḍh	ḍh	ḍh	Dh	ḍh	ɖh	[ɖʱ]
ण	n	ṇ	ṇ	ṇ	N	ṇ	ɳ	[ɳ]
त	t	t	t	t	t	t	t	[t̪]
थ	th	th	th	th	th	th	th	[t̪ʰ]
द	d	d	d	d	d	d	d	[d̪]
ध	dh	dh	dh	dh	dh	dh	dh	[d̪ʱ]
न	n	n	n	n	n	n	n	[n]
प	p	p	p	p	p	p	p	[p]
फ	ph	ph	ph	ph	ph	ph	ph	[pʰ]
ब	b	b	b	b	b	b	b	[b]
भ	bh	bh	bh	bh	bh	bh	bh	[bʱ]
म	m	m	m	m	m	m	m	[m]
य	y	y	y	y	y	y	j	[j]
र	r	r	r	r	r	r	r	[ɾ]
ल	l	l	l	l	l	l	l	[l]
व	v w	v	v	v	v w	v	v	[v] [ʋ] [w]
श	sh	ś	sh	ś	sh	ś	ʃ	[ʃ]
ष	sh	ṣ	ṣ	ṣ	Sh	ṣ	ʃ	[ʃ] [5]
स	s	s	s	s	s	s	s	[s]
ह	h	h	h	h	h	h	h	[ɦ]

8.1.3 Irreguläre Zeichen für Konsonantenverbindungen

Deva-nāgarī	Hun-terian	ISO 15919	Bahri	Snell	ITRANS	hier	IPA
क्ष	ksh	kṣ	kṣ	kṣ	kSa kSha xa	kʃ	[kʃ]
त्र	tr	tr	tr	tr	tr	tr	[tr]
ज्ञ	gy	jñ	gy(ã)	jñ	j~n	gj	[gj]
श्र	shr	śr	shr	śr	shr	ʃr	[ʃr]

5 bzw. [ʂ] wenn der Laut tatsächlich retroflex ist.

8.1.4 Nukta-Zeichen

Devanāgarī	Hunterian	IOS 15919	Bahri	Snell	ITRANS	hier	IPA
क़	q	q	q	q	q	q	[q]
ख़	kh	<u>kh</u>	<u>kh</u>	<u>kh</u>	K	χ	[x] bzw. [χ]
ग़	gh	ġ	G	g̱	G	ɣ	[ɣ]
ज़	z	z	z	z	z	z	[z]
झ़	zh	–.–	–.–	–.–	–.–	ʒ	[ʒ]
फ़	f	f	f	f	f	f	[f]
ड़	r	ṛ	ṛ	ṛ	.Da / Ra	ɽ	[ɽ]
ढ़	rh	ṛh	ṛh	ṛh	.Dha / Rha	ɽʱ	[ɽʱ]

8.2 Phonetische / Phonologische Darstellung der Konsonanten

8.2.1 Traditionelle indologische Darstellung der Konsonanten

8.2.1.1 Darstellung der Konsonanten nach Snell[6]

	Stimmloser Verschlusslaut		Stimmhafter Verschlusslaut		
	unaspiriert	aspiriert	unaspiriert	aspiriert	nasal
velar	क ka	ख kha	ग ga	घ gh	ङ ṅ
palatal	च ca	छ cha	ज ja	झ jha	ञ ñ
retroflex	ट ṭa	ठ ṭha	ड ḍa	ढ ḍha	ण ṇa
dental	त ta	थ tha	द da	ध dha	न na
labial	प pa	फ pha	ब ba	भ bha	म ma

Halbvokal	य ya	र ra	ल la	व va
Sibilant	श śa	ष ṣa	स sa	
glottal	ह ha			

6 Snell, Rupert: Devanagari. Übersetzt ins Deutsche, http://hindiurduflagship.org/resources/learning-teaching/devanagari.

8.2.1.2 Konsonantentabelle mit den phonetischen Bezeichnungen in Hindi. Lautangabe in IPA

Konsonant व्यंजन

	अघोष (stimmlos)		घोष (stimmhaft)		
	अल्पप्राण unaspiriert	महाप्राण aspiriert	अल्पप्राण unaspiriert	महाप्राण aspiriert	अनुनासिक Nasal
कण्ठ्य velar	क /kə/	ख /kʰə/	ग /gə/	घ /gʰə/	ङ /ŋə/
तालव्य palatal	च /tʃə/	छ /tʃʰə/	ज /dʒə/	झ /dʒʰə/	ञ /ɲə/
मूर्धन्य retroflex	ट /ʈə/	ठ /ʈʰə/	ड /ɖə/	ढ /ɖʰə/	ण /ɳə/
दन्त्य dental	त /t̪ə/	थ /t̪ʰə/	द /d̪ə/	ध /d̪ʰə/	न /nə/
ओष्ठ्य labial	प /pə/	फ /pʰə/	ब /bə/	भ /bʰə/	म /mə/

अंतःस्य Halbvokal	य /jə/	र /rə/	ल /lə/	व /ʋə/
ऊष्म Sibilant	श /ʃə/	ष /ʂə/	स /sə/	
	ह /ɦə/ /ɦə/			

Die Darstellung orientiert sich in der Gliederung an:

Snell, Rupert: Devanagari.
http://hindiurduflagship.org/resources/learning-teaching/devanagari/

Hinzugefügt wurden jeweils deutsche Übersetzungen der Bezeichnungen im Hindi. Außerdem wurde der Laut in der IPA-Transkription angegeben.

8.2.2 Konsonanten Phoneme nach Ohala (1999)

	bilabial	labio-dental	dental	alveolar	post-alveolar	retroflex	palatal	velar	glottal
Plosiv	p b pʰ bʱ		t̪ d̪ t̪h d̪ʱ			ʈ ʈʰ ɖ ɖʱ		k g kʰ gʱ	
Affrikata					ʧ ʤ ʧʰ ʤʰ				
Nasal	m		n					ŋ	
(Tap) or Flap				ɾ		ɽ ɽʱ			
Frikativ		f		s z	ʃ				h
Approximant		ʋ					j		
lateraler Approximant				l					

8.3 Phonetische / Phonologische Darstellung der Vokale

8.3.1 Indologische Darstellung Vokale स्वर (savar)

Während die Konsonanten in der indologischen Beschreibung des Hindi bzw. des Sanskrits phonetisch / phonologisch differenziert erfasst werden, fehlt eine vergleichbare Darstellung bei den Vokalen. Sie werden meist nur in ihrer alphabetischen Ordnung aufgeführt.

unabhängig	अ	आ	इ	ई	उ	ऊ	ऋ	ए	ऐ	ओ	औ
abhängig		◌ा	ि◌	◌ी	◌ु	◌ू	◌ृ	◌े	◌ै	◌ो	◌ौ

8.3.2 Linguistische Darstellung der Vokale nach Ohala (1983)

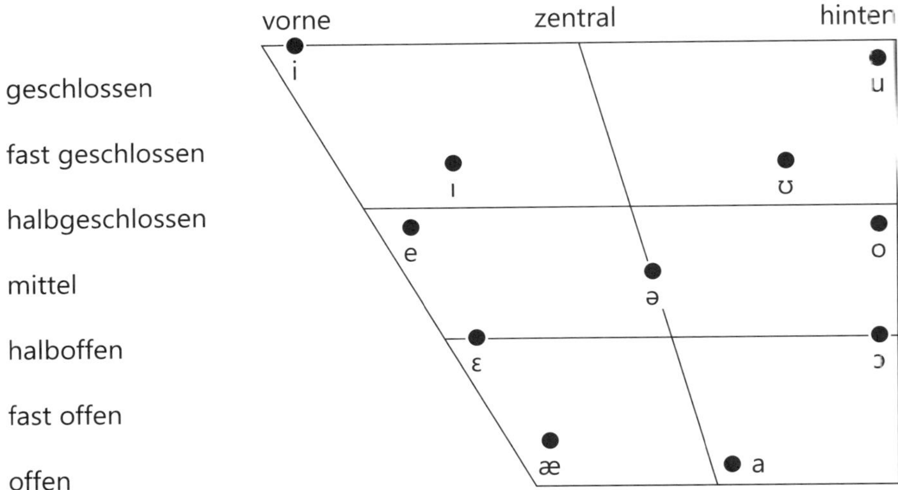

8.3.3 Linguistische Darstellung bei der Annahme von Nasalvokalen

Tabelle der Vokale im Hindi mit Nasalvokalen nach Montaut (2004: 21)[7]

	vorne		zentral		hinten	
	oral	nasal	oral	nasal	oral	nasal
hoch	i i:	ĩ ĩ:			u u:	ũ ũ:
	ɪ i	ɪ̃ ĩ			ʊ u	ʊ̃ ũ
mittel	e	ẽ			o	õ
	ɛ / ai	ɛ̃ / aĩ			ɔ / au	ɔ̃ / aũ
tief			ə / a	ə̃ / ã		
	(ʌ)		a / a:	ã / ã:		

7 Veränderungen gegengenüber Montaut (2004): Übersetzung aus dem Englischen und Verwendung des Doppelpunkts als Längezeichen. Montaut „ī" , hier „i:".

8.4 Schaubilder zu Artikulationsstellen und Artikulatoren

8.4.1 Artikulationsorgane bei Artikulation von [m]

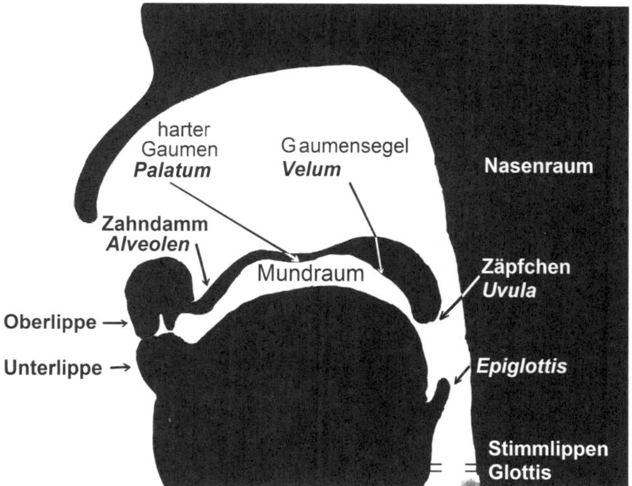

8.4.2 Verschluss des Nasenraums bei [b] [8]

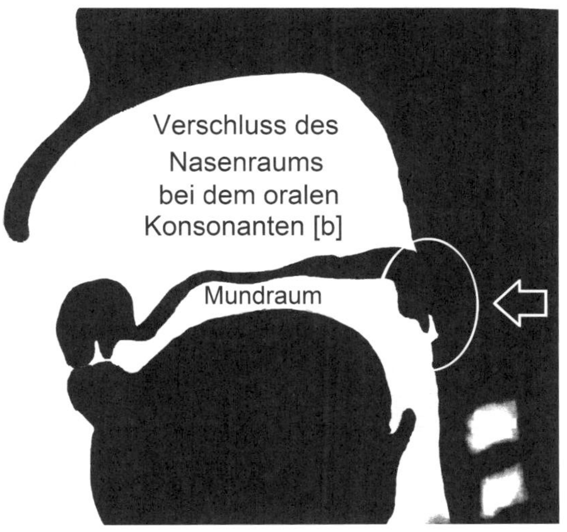

8 Die Schaubilder wurden erstellt auf der Grundlage von MRT-Aufnahmen des Sprechvorgangs durch Jens Frahm, Max-Planck-Institut für biophysikalische Chemie, Göttingen. https://www.facebook.com/maxplanckgesellschaft/videos/1896407567037041/

8.4.3 Öffnung des Nasenraums bei [m]

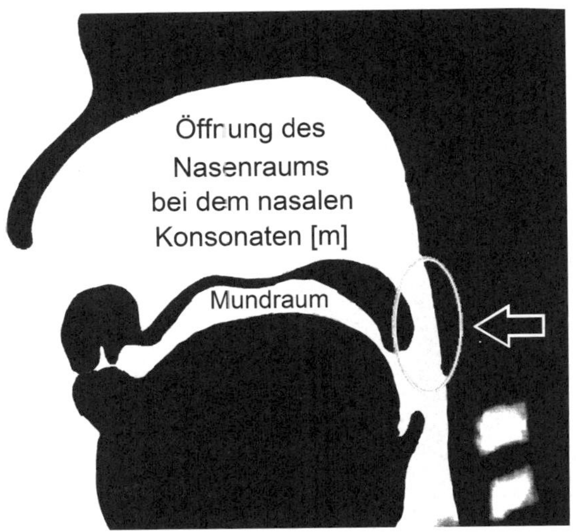

8.4.4 Zunge und Lippen beim [n]

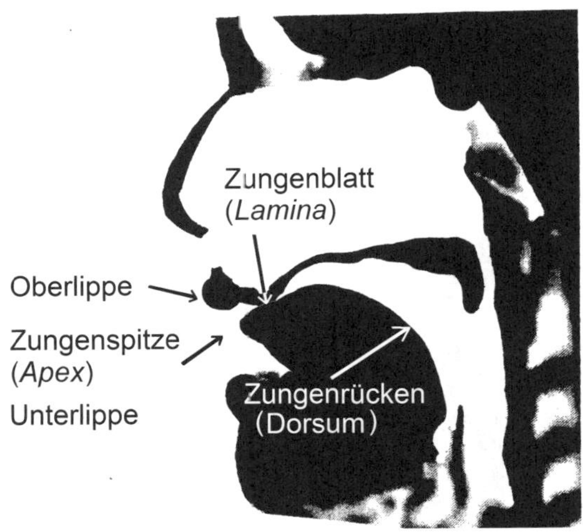

Glossar phonetischer Begriffe

Affrikat
Ein Affrikat ist eine enge Lautverbindung aus einem Verschlusslaut und einem Frikativ. Wird der Verschluss nicht vollkommen gelöst, sondern folgt an der gleichen Artikulationsstelle ein Frikativ, entsteht ein Affrikat. Beispiel für das Deutsche: Der stimmlose apikal-alveolare Verschlusslaut [t] geht in den stimmlosen apikal-alveolaren Frikativ [s] über. Die phonetische Transkription ist [t͡s]. Geschrieben wird dieser Laut im Deutschen als ⟨z⟩ oder ⟨tz⟩. Im Hindi gibt es die unbehauchten Affrikaten: [t͡ʃ] = ⟨च⟩, und [d͡ʒ] = ⟨ज⟩ und die entsprechend behauchten Formen [t͡ʃʰ] = ⟨छ⟩ bzw. [d͡ʒʱ] = ⟨झ⟩. Von der Artikulationsstelle her sind alle Affrikata des Hindi als „alveolar-palatal" oder, was das gleiche ist, als „postalveolar" zu beschreiben.

alveolar
Bezeichnung für Laute, bei denen die Artikulationsstelle der Zahndamm (lat. *alveolus*) ist.

Im Hindi sind folgende Konsonanten alveolar, genauer gesagt apikal-alveolar.

[ɾ] alveolarer, stimmhafter Flap = ⟨र⟩
[s] stimmloser, alveolarer Frikativ = ⟨स⟩
[z] stimmhafter, alveolarer Frikativ = ⟨ज़⟩

[l] wird zuweilen auch als „alveolar" klassifiziert (siehe etwas Ohala [1999]). Wir folgen hier der Auffassung, dass für das Hindi der l-Laut als „dental" zu beschreiben ist.

alveo-palatal (= postalveolar)
Bezeichnung für Laute, bei denen die Artikulationsstelle zwischen dem Zahndamm (lat. *alveolus*) und dem am harten Gaumen (lat. *palatum*) liegt. Diese Artikulationsstelle wird auch als „postalveolar" bezeichnet.

Im Hindi sind folgende Konsonanten alveo-palatal:

[t͡ʃ] stimmloser, unaspirierter, alveo-palataler Affrikat = ⟨च⟩
[t͡ʃʰ] stimmloser, aspirierter, alveo-palataler Affrikat = ⟨छ⟩
[d͡ʒ] stimmhafter, unaspirierter, alveo-palataler Affrikat = ⟨ज⟩
[d͡ʒʱ] stimmhafter, aspirierter, alveo-palataler Affrikat = ⟨झ⟩
[ʃ] stimmloser, alveo-palataler (= postalveolarer) Frikativ = ⟨श⟩

apikal
Bezeichnung für Laute, bei denen die Zungenspitze (= *apex*) zur Artikulation verwendet wird.

Im Hindi sind folgende Konsonanten apikal, genauer gesagt apikal-dental:

[t̪] ,[t̪ʰ], [d̪], [d̪ʱ], [n̪].

Approximant
Das phonetische Charakteristikum der Approximanten besteht darin, dass sich das aktive Artikulationsorgan auf den Artikulationsort nur soweit zubewegt, dass der Luftstrom modifiziert wird; er wird aber nicht gestoppt oder zurückgehalten. Es werden auch im Luftstrom keine Turbulenzen erzeugt, wie das bei den Frikativen der Fall ist. Zu dieser Gruppe zählen, vereinfacht gesagt, die l-Laute und die Halbvokale wie /j/ und /ʋ/. In manchen Darstellungen werden auch die r-Laute zu den Approximanten gerechnet.

Im Hindi gibt es folgende Approximanten:

[l] stimmhafter, dentaler, lateraler Approximant = ⟨ल⟩; die l-Laute werden in machen Darstellungen auch als „Laterale" bezeichnet. Zuweilen findet sich auch die Bezeichnung „Liquide" für die l- und r-Laute.
[ʋ] stimmhafter, labiodentaler Approximant = ⟨व⟩
[w] stimmhafter, labio-velarer Approximant (in bestimmten Umgebungen statt [ʋ]) = ⟨व⟩
[j] stimmhafter, palataler Approximant (oder stimmhafter, palataler Halbvokal) = ⟨य⟩.

dental
Bezeichnung für Laute, bei denen die oberen Zähne als Artikulationsstelle dienen.

Im Hindi sind folgende Laute dental:

[n̪] dentaler (stimmhafter) Nasal = ⟨न⟩
[l] dentaler, stimmhafter, lateraler Approximant = ⟨ल⟩
[d̪] dentaler, stimmhafter Verschlusslaut, nicht behaucht = ⟨द⟩
[d̪^{ɦ}] dentaler, stimmhafter Verschlusslaut, behaucht = ⟨ध⟩
[t̪] dentaler, stimmloser Verschlusslaut, nicht behaucht. = ⟨त⟩
[t̪^{h}] dentaler, stimmloser Verschlusslaut, behaucht = ⟨थ⟩

Bei genauer phonetischer Umschrift zeigt das „Bänkchen" unter dem Lautsymbol an, dass der Laut dental gebildet wird.

Diphthonge
Als Diphthong bezeichnet man die Kombination von zwei Vokalen innerhalb einer Silbe. Das Standard-Hindi hat – im Gegensatz zum Deutschen – keine Diphthonge. In östlichen Dialekten hört man jedoch die Diphthonge [aɪ] und [aʊ]. Die weit verbreitete Transliteration von ऐ als „ai" und औ als „au" sollte einen nicht dazu verleiten zu glauben, dass es sich dabei um Diphthonge handelt.

Flap (geschlagener Laut)
Als „Flaps" bezeichnet man eine Artikulationsart, bei der die Zunge nur einen ganz kurzen Kontakt mit dem passiven Artikulationsorgan (z.B.

dem Zahndamm) hat. Da der Kontakt so kurz ist, wird – im Gegensatz zu Verschlusslauten – an der Artikulationsstelle kein Druck aufgebaut; folglich kommt es bei der Lösung eines Flaps zu keiner „Explosion" (Plosiv).

Im Hindi gibt es folgende Flaps:
[ɾ] stimmhafter, alveolarer Flap = ⟨र⟩
[ɽ] stimmhafter, unbehauchter, retroflexer Flap = ⟨ड़⟩
[ɽʱ] stimmhafter, behauchter, retroflexer Flap = ⟨ढ़⟩.

Bei [ɽ] und [ɽʱ] wird die Zunge zurückgebogen. Sie steuert die postalveolare Position an. Sie berührt diese Stelle aber nicht, sondern schwingt nach vorne bevor sie richtig damit Kontakt gemacht hat. Auf ihrem Weg berührt die Unterseite der Zunge den Zahndamm. Die Zungenbewegung endet dann hinter den oberen Zähnen.

Frikativ (Reibelaut, Engelaut, Spirant)
Bei Frikativen wird an der Artikulationsstelle eine enge Stelle für den Atemstrom erzeugt (Engebildung). Er wird aber nicht, wie bei einem Verschlusslaut, völlig gestoppt, sondern nur durch eine verengte Passage geleitet. Dadurch entsteht ein Reibungsgeräusch (deshalb „Reibelaut").

Die Frikative unterscheidet man u. a. nach folgenden Kriterien:

- Wo im Mund-Rachenraum wird die Verengung erzeugt? Im Hindi haben wir Frikative, die an den folgenden Stellen gebildet werden: 1) [f] und [v] labio-dental: Die Engebildung erfolgt zwischen der Unterlippe und den oberen Zähnen. 2) [s] und [z]; die Engebildung erfolgt zwischen der Zungenspitze (*apex*) und dem Zahndamm (*alveolus*). Die Laute können demnach als apikal-alveolare Frikative bezeichnet werden. 3) [ʃ] Die Engebildung erfolgt zwischen dem Zungenblatt (lat. *lamina* = Platte, Scheibe) und dem Bereich zwischen dem Zahndamm und dem harten Gaumen (*palatum*). Den Artikulationsort bezeichnet man als „postalveolar" oder „alveolar-palatal" (Das Zungenblatt ist der Bereich direkt hinter der Zungenspitze). Die vollständige Beschreibung für [ʃ] ist also: lamino-alveolar-palataler Frikativ. 4) [h] und [ɦ] sind glottal Frikative, d. h. die Reibung entsteht an der Stimmritze. Dabei ist [h] die stimmlose Variante, [ɦ] die stimmhafte. Im Hindi ist der glottale Frikativ meist stimmhaft.
- Ist der Stimmton beteiligt? Im Hindi gibt es bei den alveolaren Frikativen das stimmlose [s] und das stimmhafte [z]. Ob das [z] aber tatsächlich zum Zentralsystem der Konsonanten des Hindi gehört, ist umstritten. – Bezieht man auch die Wörter ein, die aus dem Arabischen und Persischen übernommen sind, gibt es auch den uvularen, d. h. am Zäpfchen gebildeten Frikativ [χ] = ⟨ख़⟩.

Graphem
„Graphem" ist der linguistische Fachausdruck für „Buchstabe". Im vorliegenden Text wird der Begriff „Graphem" weitgehend gleichbedeutend mit „Buchstabe" verwendet. Im Deutschen ist es jedoch auch üblich, Buchstabenkombinationen wie ⟨sch⟩ oder ⟨ng⟩ als Grapheme für [ʃ] bzw. [ŋ] zu bezeichnen.

Halbvokal
Die Halbvokale sind eine Untergruppe der Approximanten. Wie bei den Vokalen wird der Luftstrom nicht soweit eingeengt, dass Reibungen oder Turbulenzen entstehen. Insgesamt ist Raum für den Luftstrom aber doch enger als bei den Vokalen. Von den Vokalen unterscheiden sich die Halbvokale auch dadurch, dass sie keine Silben bilden können.

Zu den Halbvokalen zählen im Hindi:

[j] stimmhafter, palataler Halbvokal (oder stimmhafter, palataler Approximant) = ⟨य⟩

[ʋ] stimmhafter, labiodentaler Halbvokal (stimmhafter, labiodentaler Approximant) = ⟨व⟩.

In traditionellen orientierten Darstellungen, die den Begriff „Approximant" nicht verwenden, wird „Halbvokal" (*semi-vowel*) für die folgenden Laute verwendet: /j/ य, /ɾ/ र, /l/ ल, und /ʋ/ व (z. B. Kumar [1994: 4]).

glottal
Bezeichnung für Laute, bei denen die Artikulationsstelle die Glottis (= Stimmlippen) (lat. *glottis*) ist. Im Hindi sind folgende Konsonanten glottal:

[h] stimmloser, glottaler Frikativ. In der Schrift wird [h] durch den Visarg ⟨ः⟩ repräsentiert wie in निःश्वास [nihʃva:s].

[ɦ] stimmhafter, glottaler Frikativ (Reibelaut) = ⟨ह⟩.

Hinterzungenvokal
Bei Hinterzungenvokalen erfolgt die Artikulation durch den hinteren Teil der Zunge. Die höchste Wölbung der Zunge ist also hinten im Mundraum. Diese Zungenwölbung nähert sich dem hinteren Teil des harten Gaumens (Palatum). Beim [u:] ist diese Wölbung am höchsten.

Hinterzungenvokale im Hindi:
[u:], [o:], [ɔ:]; fast hinten [ʊ]

Konsonant (Mitlaut)
Bei Konsonanten wird der Atemstrom aus der Lunge durch ein Hindernis oder eine Engestelle im Mund- oder Rachenraum modifiziert. Bei der Beschreibung der Konsonanten müssen folgende Eigenschaften berücksichtigt werden:

- Artikulationsstelle, d.h. der Ort im Mund- oder Rachenraum, an dem das Hindernis aufgebaut wird (z.B. harter Gaumen, Zahndamm, etc.)
- das bewegliche Artikulationsorgan (z.B. Zungenspitze, Zungenrücken, Lippen etc.)
- die Art des Hindernisses (z.B. Verschluss, Engebildung oder Vibration).
- Das Vorhandensein oder die Abwesenheit des Stimmtons (z.B. der Unterschied zwischen stimmlosen und den stimmhaften Konsonanten. [kə] क vs. [gə] ग.

  Beispiel für eine Beschreibung eines Konsonanten:

[d] im Hindi: dentaler, apikaler, stimmhafter Verschlusslaut.

Da im Hindi auch noch die Unterscheidung „behaucht" vs. „nicht behaucht" eine Rolle spielt, ergibt sich die Beschreibung: „dentaler, apikaler, stimmhafter, unbehauchter Verschlusslaut". Häufig wird die Angabe der Stelle der Zunge weggelassen, da bestimmte Artikulationsstellen nur durch eine entsprechende Zungenstelle erreicht werden können und die Angabe so überflüssig ist.

labial

Bezeichnung für Laute, bei denen die Lippen als Artikulationsstelle dienen.

Im Hindi sind folgende Laute labial:

[p] bilabialer, stimmloser Verschlusslaut, unbehaucht = ⟨प⟩.
[pʰ] bilabialer, stimmloser Verschlusslaut, behaucht = ⟨फ⟩.
[b] bilabialer, stimmhafter Verschlusslaut, unbehaucht = ⟨ब⟩.
[bʱ] bilabialer, stimmhafter Verschlusslaut, behaucht = ⟨भ⟩.
[m] bilabialer, (stimmhafter) Nasal = ⟨म⟩.
[ß] stimmhafter, bilabialer Frikativ (als Variante des [ʋ], bzw. als Aussprachevariante von ⟨व⟩.

labio-dental

Bezeichnung für Laute, bei denen die oberen Zähne und die Unterlippe zur Artikulation verwendet werden. Im Hindi sind folgende Laute labiodental:

[v] stimmhafter, labio-dentaler Frikativ = ⟨व⟩
[f] stimmloser, labio-dentaler Frikativ = ⟨फ़⟩
[ʋ] stimmhafter, labio-dentaler Approximant = ⟨व⟩

Morphophonemik

Als Morphophonemik bezeichnet man die Lehre von den Veränderungen, die Laute durch die Nachbarschaft anderer Laute aus neu hinzutretenden Wortbausteinen erfahren.

Nasale
Nasale sind Konsonanten, bei denen der Mundraum für den Atemstrom blockiert wird. Stattdessen wird der Nasenraum für den Luftstrom geöffnet. Dies geschieht, indem das Velum (Gaumensegel) in Richtung Zungenwurzel abgesenkt wird.

Im Hindi gibt es folgende Nasale:

[n] apikal-dentaler Nasal = ⟨न⟩
[m] bilabialer Nasal = ⟨म⟩
[ɳ] retroflexer Nasal = ⟨ण⟩. Der Laut wird von den meisten Sprechern aber durch [n] ersetzt. Er kommt nur in Wörtern aus dem Sanskrit vor.
[ŋ] velar Nasal = ⟨ङ⟩; [ŋ] kommt nur in Verbindung mit einem velaren Konsonanten vor.
[ɲ] palataler Nasal = ⟨ञ⟩; [ɲ] kommt nur in Verbindung mit einem velaren Konsonanten vor.

Nasalvokale
Bei Nasalvokalen wird das Velum (Gaumensegel) in Richtung zur Zungenwurzel hin abgesenkt. Der Luftstrom kann auf diese Weise sowohl durch den Mundraum, als auch durch den Nasenraum strömen.

Ob die Nasalvokale im Hindi einen selbständigen Status haben oder durch Nasalierungsprozesse entstehen, ist umstritten. Wenn man diese Kontroverse beiseitelässt, kann man nach Montaut (2004: 21) folgende Nasalvokale im Hindi unterscheiden:

ĩ, ĩ:, ũ, ũ:, ʊ̃, ũ, ẽ, õ, ɛ̃/aĩ, ɔ̃/aũ, ə̃/ã, ã/ã:

Auf aĩ und aũ wird man jedoch bei der Aufzählung der Nasalvokale im Standard-Hindi verzichten können, da diese Laute nur in östlichen Dialekten gesprochen werden.

Offenheit

Vokale werden nach dem Grad ihrer Öffnung unterschieden.

Nach den Konventionen der IPA unterscheidet man folgende Öffnungsgrade: geschlossen, fast geschlossen, halbgeschlossen, mittel, halboffen, fast offen, offen. Statt „offener Vokal" sagt man auch „tiefer Vokal".

palatal
Bezeichnung für Laute, bei denen die Artikulationsstelle am harten Gaumen (lat. *palatum*) ist.

Im Hindi ist [j] palatal.

[j] stimmhafter, palataler Approximant oder stimmhafter, palataler Halbvokal = ⟨य⟩.

Phonem
Das Phonem ist die kleinste bedeutungsunterscheidende Einheit einer Sprache. Die Phoneme werden durch eine funktionale Klassifikation von Lautsegmenten (isolierbare Einheiten des Lautkontinuums) gewonnen. Unter rein akustischer Perspektive sind fast alle Lautsegmente unterschiedlich. Je nach Alter, Geschlecht, Herkunft des Sprechers, sowie der Sprechgeschwindigkeit und der Sorgfalt der Aussprache, insbesondere aber aufgrund des lautlichen Kontextes unterscheiden sich letztlich alle Artikulationen eines bestimmten Lautes voneinander. Eine phonemische Analyse fasst nun alle Lautvarianten zu einem „Phonem" zusammen, die bei der Unterscheidung von Wörtern die gleiche Rolle spielen. Da z. B. im Deutschen die Behauchung eines t-Lauts nicht zur Unterscheidung von Wörtern verwendet wird, können [t] und [tʰ] im Deutschen zu einem Phonem /t/ zusammengefasst werden. Im Hindi ist das nicht möglich, da [t] und [tʰ] dort in Opposition zueinander stehen, d.h. es gibt Wörter im Hindi, die sich nur hinsichtlich der Behauchung des t-Lauts voneinander unterscheiden. /sa:t/ सात = *sieben* (7) und /sa: tʰ/ साथ = *zusammen*. Die Laute, die zu einem Phonem zusammengefasst werden können, nennt man Allophone. Das wichtigste Beispiel für ein Phonem mit verschiedenen Allophonen ist im Hindi das /v/. Für das Phonem /v/ lassen sich im Hindi die Allophone [v], [ʋ], [ß] und [w] angeben. Ein bekanntes Beispiel für (freie) Allophone im Deutschen ist der r-Laute mit seinen Varianten [r] (gerolltes r mit der Zungenspitze), [ʀ] (am Zäpfchen gerolltes r) und [ʁ] (Frikativ am Zäpfchen gebildet; die wohl häufigste Variante des r-Lauts im Deutschen).

retroflex
Die retroflexen Laute werden gebildet, indem die Zungenspitze hinter den Zahndamm gelegt und nach hinten gebogen wird (lat. *retro* zurück, nach hinten; lat. *flectere*: biegen, beugen, krümmen). Unter anderer phonetischer Perspektive können die Retroflexe zusätzlich als „apikal-postalveolar" oder „apikal-präpalatal" charakterisiert werden, d. h. als Laute, die mit der Zungenspitze (lat. *apex*) hinter dem Zahndamm (*alveolus*) gebildet werden, oder – was auf das Gleiche hinausläuft – mit der Zungenspitze vor dem harten Gaumen (lat. *palatum*). Die Position der Zunge variiert jedoch je nach Lautumgebung, Sprechgeschwindigkeit und unterscheidet sich auch bei einzelnen Sprechern.

In der indologischen Literatur werden die retroflexen Konsonanten oft auch als „cerebral" bezeichnet.

Im Hindi sind folgende Konsonanten retroflex:

[ʈ] stimmloser, retroflexer, unbehauchter Verschlusslaut = ⟨ट⟩
[ʈʰ] stimmloser, retroflexer, behauchter Verschlusslaut = ⟨ठ⟩

[ɖ] stimmhafter, retroflexer, unbehauchter Verschlusslaut = ⟨ड⟩
[ɖʱ] stimmhafter, retroflexer, behauchter Verschlusslaut = ⟨ढ⟩
[ɳ] stimmhafter, retroflexer Nasal = ⟨ण⟩. Viele Sprecher des Hindi vernachlässigen bei der Aussprache allerdings den Unterschied zwischen /n/ न und [ɳ] / ण.
[ɽ] stimmhafter, unbehauchter, retroflexer Flap = ⟨ड़⟩
[ɽʱ] stimmhafter, behauchter, retroflexer Flap = ⟨ढ़⟩

[ʈ], [ɖ], [ɳ] und [ʈh], [ɖʱ] sind die phonetischen Zeichen für die retroflexen Laute nach den Konventionen des IPA. In vielen indologischen Darstellungen wird aber eine andere Umschrift gewählt; dort werden die Konsonanten zur Markierung der retroflexen Artikulation mit einem Punkt versehen: ṭ, ḍ bzw. ṇ.

Sibilant (Zischlaut)
Sibilanten sind eine Untergruppe der Frikative (Reibelaute). Bei den Sibilanten ist die Frequenz höher, da die Engeführung größer ist als bei anderen Frikativen. Die Verengung wird dadurch gesteigert, dass die Zunge eine Rille (*groove*) bildet, die den Luftstrom auf die Zähne lenkt. Im Hindi gibt es die Sibilanten [s] = ⟨स⟩ und /ʃ/ ⟨श⟩ und ⟨ष⟩ (ष nur in Wörtern aus dem Sanskrit). In der hier gewählten Beschreibung wird auf den Begriff „Sibilant“ verzichtet; er wird jedoch in vielen Einführungen und Darstellungen verwendet. Die entsprechenden Laute werden hier als „Frikative“ bezeichnet.
[s] stimmloser, alveolare Frikativ = ⟨स⟩
[ʃ] stimmloser, postalveolar Frikativ = ⟨श⟩ und ⟨ष⟩.

uvular
Bezeichnung für Laute, bei denen die Artikulationsstelle das Zäpfchen (lat. *uvula*) ist. Im phonologischen Zentralsystem des Hindi gibt es keine uvularen Laute. In Lehnwörtern aus dem Persischen und Arabischen verwenden gebildete Sprecher oder (muslimische) Sprecher, die sich am Urdu orientieren, jedoch uvulare Konsonanten. In der Devanāgarī-Schrift werden diese Laute durch sog. Nukat-Zeichen repräsentiert.

In der Peripherie des Lautsystems des Hindi gibt es folgende uvularen Laute:
[q] stimmloser, uvularer Verschlusslaut = ⟨क़⟩
[χ] stimmloser uvularer Frikativ (Reibelaut) = ⟨ख़⟩

velar
Bezeichnung für Laute, bei denen die Artikulationsstelle der weiche Gaumen (Gaumensegel) (lat. *velum*) liegt.

Die Bezeichnung कण्ठ्य (Halslaut, Kehllaut) für diese Lautgruppe in der Sanskritgrammatik und in einheimischen Grammatiken des Hindi führt zuweilen zu Verwirrungen in westlichen Darstellungen. कण्ठ Sanskrit = *Kehle;* कंठ Hindi: *Kehle* = *Kehlkopf*. Die im Sanskrit/Hindi als कण्ठ्य zusammengefassten Laute werden nicht selten als „guttural" bezeichnet (z. B. Wiktionary: कण्ठ्य). Das ist jedoch irreführend, da in der neueren Phonetik in der Regel nur pharyngale Laute (Rachenlaute) (Pharynx = Rachen) und am Zäpfchen (lat. *uvula*) gebildete Laute als „guttural" gelten, nicht aber die velaren Laute. Der Gebrauch von „guttural" ist jedoch auch in der deutschsprachigen Phonetik uneinheitlich.[9]

Im Hindi sind folgende Konsonanten velar:

[k] velarer, stimmloser Verschlusslaut unbehaucht = ⟨क⟩
[g] velarer, stimmhafter Verschlusslaut unbehaucht = ⟨ग⟩
[kʰ] velarer, stimmloser Verschlusslaut behaucht = ⟨ख⟩
[gʱ] velarer, stimmhafter Verschlusslaut behaucht = ⟨घ⟩
[ŋ] velarer Nasal (nur in Verbindung mit einem velaren Konsonanten) = ⟨ङ⟩

Verschlusslaut (Plosiv, Stop)
Bei Verschlusslauten wird an einer bestimmten Stelle im Mund-Rachenraum ein Verschluss für den Atemstrom gebildet. Dieser Verschluss wird dann schnell wieder gelöst.

Die Verschlusslaute unterscheidet man u. a. nach folgenden Kriterien:

- Wo wird der Verschluss gebildet? Er kann z. B. mit beiden Lippen (bilabial [b], [p]) oder mit der Zungenspitze an den Zähnen (apikal-dental) erzeugt werden. Im Hindi sind z. B. folgende Laute apikal-dentale Verschlusslaute: [t̪], [d̪], [t̪ʰ], [d̪ʱ]. Außerdem gibt es die bilabialen Verschlusslaute [p], [b], [pʰ], [bʱ], die velaren Verschlusslaute [k], [g], [kʰ], [gʱ] sowie die retroflexen Verschlusslaute [ʈ], [ɖ], [ʈʰ], [ɖʱ]. Hinsichtlich des Ortes des Verschlusses sind die retroflexen Verschlusslaute apikalpräpalatal (apico-präpalatal). Bezieht man auch die Wörter ein, die aus dem Arabischen und Persischen übernommen sind, gibt es auch den uvularen, d. h. am Zäpfchen gebildeten Verschlusslaut [q] = ⟨क़⟩.

- Ist der Stimmton beteiligt? Stimmhafte Verschlusslaute im Hindi sind: [b], [bʱ], [d̪], [d̪ʱ], [ɖ], [ɖʱ], [g], [gʱ].
- Wird der Laut bei der Öffnung des Verschlusses mit einer Behauchung versehen? Behauchte Verschlusslaute im Hindi sind: [pʰ], [bʱ], [t̪ʰ], [d̪ʱ], [ʈʰ], [ɖʱ], [kʰ], [gʱ].

9 Vgl. Wikipedia: „Gutturaler Laut".

Vokal (Selbstlaut)
Typisch für die Vokale ist, dass der Luftstrom ungehindert durch den Mundraum strömt. Es gibt also keine Engebildung im Mund- oder Rachenraum. Vokale sind stimmhaft, d. h. bei der Artikulation eines Vokals sind die Stimmbänder beteiligt. Genauer gesagt öffnet und schließt sich dabei die Stimmritze, d. h. der Spalt zwischen den Stimmbändern.

Vokale werden nach folgenden Kriterien unterschieden

a) Position der Zunge
→ Vorderzungenvokal, → Zentralvokal, → Hinterzungenvokal

b) Offenheit (Öffnungsgrad des Mundes)

c) Rundung der Lippen.

Die Rundung der Lippen beeinflusst die Qualität des Vokals. Im Deutschen unterscheiden sich z. B. /y:/ ⟨ü⟩ und /i:/ ⟨i⟩ nur durch die Lippenrundung. Beispiele: /by:nə/ ⟨Bühne⟩ vs. /bi:nə/ ⟨Biene⟩. Im Hindi gibt es einen solchen Kontrast nicht.

Vorderzungenvokal
Bei Vorderzungenvokalen ist die Zunge im Mundraum am weitesten nach vorne positioniert. Der Teil der Zunge vor dem Zungenrücken (prädorsal) wölbt sich zum Gaumen, und zwar in eine Richtung vor dem harten Gaumen (Palatum).

Vorderzungenvokale im Hindi: [i:],[ɪ], [e:]; fast vorne [ɛ:]

Zentralvokal
Die Zentralvokale haben keine Zungenwölbung. Der Zentralvokal [ə] ist der sogenannte „Schwa"-Laut. [ə] ist der Vokal, bei dem die Zunge in einer neutralen Position im Mundraum liegt und sich so in der entspanntesten Position befindet. Es handelt sich um den Vokal, der allen Konsonanten inhärent ist. क = [kə]. Weiterhin ist auch das /ɑ:/ als Zentralvokal zu werten; es ist jedoch etwas weiter hinten als das [ə].

Altmann, Hans / Ziegenhain, Ute (2007): Phonetik, Phonologie und Graphemik fürs Examen. Göttingen: Vandenhoeck.
Bahri, Hardev (2010): Learners' Hindi-English dictionary = Siksarthi Hindi-Angrejhi sabdakosa. Delhi: Rajapala.
Bharati, Surabhi (1988): Some aspects of the phonology of Hindi and English. Diss. Univ. Hyderabad.
Bhatia, Tej K. (1996): Colloquial Hindi: The Complete Course for Beginners. London: Routledge.
Bright William (1996): "The Devanagari Script". In: Peter T. Daniels / William Bright (eds.): The World's Writing Systems. New York / Oxford: Oxford University Press. S. 384–390.
Cleghorn T. L. / Rugg N. M. (2011): Comprehensive Articulatory Phonetics: A Tool for Mastering the World's Languages. CreateSpace Independent Publishing Platform.
Dixit, Prakash R. (1999): "Tongue-plate contact patterns during retroflex consonants /ḍ/, /ṛ/ and /ṇ/ of Hindi". In: Braun, Angelika (ed.): Advances in phonetics: Proceedings of the International Phonetic Science Conference (IPS), Bellingham 1998. Stuttgart: Steiner. S. 51–57.
Duden (2015): Das Aussprachewörterbuch. Berlin: Bibliographisches Institut.
Fornell, Ines / Liu, Gautam (2010): Hindi bolo! Hindi für Deutschsprachige. Teil 1. Bremen: Hempen.
Friedrich, Elvira (1999): Einführung in die indischen Schriften. Teil 1: Devanāgarī. Hamburg: Buske.
Hamann, Silke Renate (2003): The Phonetics and Phonology of Retroflexes. Utrecht: LOT.
ISO 15919 (2001): Information and documentation – Transliteration of Devanāgarī and related Indic scripts into Latin characters. Genf: ISO.
Kachru, Yamuna (2006): Hindi. Amsterdam: Benjamins.
Kachru, Yamuna (2009): „Hindi-Urdu". In: Comrie, Bernard (ed.): The World's Major Languages. 2. Auflage. Oxon: Routledge. S. 399–416.
Koul, Omkar N. (2008): Modern Hindi Grammar. Springfiled: Dunwoody Press.
Kumar, Kavita (1994): Hindi for non-Hindi speaking People. Delhi: Rupa.
Kumar, Kavita (2006): Namaste. Eine Einführung in die Grammatik und den praktischen Gebrauch des Hindi. Delhi: Rupa.
Kumar, Kavita (2008): Speak Hindi from day 1. Delhi: Rupa.
Kumar, Kavita (2013): Teach Yourself Hindi. Delhi: Bluejay Books.
Laver, John (1994): Principles of Phonetics. Cambridge: Cambridge University Press.
Masica, Colin P. (1991): The Indo-Aryan Languages. Cambridge: Cambridge University Press.

McGregor, Ronald S. (1986): Outline of Hindi Grammar. Oxford: Oxford University Press.

McGregor, Ronald S. (1993): The Oxford Hindi-English dictionary. Oxford; Delhi: Oxford University Press.

Montaut, Annie (2004): A grammar of Hindi. München: Lincom Europa.

Narang Gopi Chand / Becker Donald A. (1971): Aspiration and Nasalization in the generative phonology of Hindi-Urdu. Language 47 (3) S. 646–667.

Ohala, Manjari (1983): Aspects of Hindi Phonology. Delhi: Motilal Banaridass.

Ohala, Manjari (1999): "Hindi". In: International Phonetic Association, Handbook of the International Phonetic Association: A Guide to the Use of the International Phonetic Alphabet. Cambridge: Cambridge University Press. S. 100–103.

Pandey, Pramod (2007): "Phonology – orthography interface in Devanāgarī for Hindi" In: Written Language and Literacy, Vol. 10, No 2, S. 145–162.

Pierrehumbert, Janet. / Nair, Rami (1996): "Implications of Hindi Prosodic Structure". In: Durand, J. / B. Laks, (eds.): Current Trends in Phonology: Models and Methods. CNRS, Paris-X and University of Salford, University of Salford Press, 549-584. Auch: http://faculty.wcas.northwestern.edu/~jbp/publications/implications_hindi.pdf

Pořízka, Vincenc (1963): Hindština – Hindí Language Course Praha: Státí pedagogické nakladatelství.

Schäfer, Roland (2016): Einführung in die grammatische Beschreibung des Deutschen. Berlin: Language Science Press.

Sen, Subendra Kumer (1994): The Devanagari Writing System (Das Devanagari Schriftsystem) In: Günther H. / Ludwig O. (eds.): Schrift und Schriftlichkeit / Writing and its Use, Band 2. Berlin, New York: Walter de Gruyter. S. 1428–1432.

Shapiro, Michael C. (1989): A Primer of Modern Standard Hindi. Delhi: Motilal Banaridass Publishers.

Shapiro, Michael C. (2003): "Hindi". In: Jain, Danesh / Cardona, George (eds.): The Indo-Aryan Languages. Oxon: Routledge. S. 250–285.

Shukla, Shaligram (2006): "Hindi". In: Brown, Keith / Ogilvie, Sarah (eds.): Concise Encyclopedia of Languages of the World. Oxford: Elsevier. S. 494–497.

Snell, Rupert (2003): Beginner's Hindi Script. London: Hodder.

Snell, Rupert (2004): Hindi dictionary. London: Hodder.

Snell, Rupert (2009): Beginner's Hindi. London: Hodder.

Snell, Rupert / Weightman, Simon (2008): Teach yourself Hindi. London: Hodder.

Internetquellen

Appendix: Hindi pronunciation: https://en.wiktionary.org/wiki/Appendix: Hindi_pronunciation. (Wiktionary English).

Arabic (Wikipedia Englisch).

Bahri, Hardev (1989): Learners' Hindi-English dictionary = Siksarthi Hindi-Angrejhi sabdakosa. Delhi: Rajapala. http://dsal.uchicago.edu/dictionaries/bahri/

Berntsen, Maxine (1975): A basic Marathi-English dictionary. Philadelphia: South Asia Regional Studies, University of Pennsylvania, 1975. http://dsal.uchicago.edu/dictionaries/berntsen/

Devanagari https://fr.wikipedia.org/wiki/Devanagari (Wikipedia Französisch).

Devanagari (Wikibooks) http://de.wikibooks.org/wiki/Devanagari

Devanagari transliteration (Wikipedia Englisch).

Flap (Phonetik) (Wikipedia Deutsch).

Hindi (Wikipedia Deutsch).

Hindustani Phonology (Wikipedia Englisch).

Hunterian transliteration (Wikipedia Englisch).

Lehmann, Thomas (2007): Sanskrit für Anfänger. Ein Lehr- und Übungsbuch. userpage.fu-berlin.de/~falk/lehmann.pdf

McGregor, Ronald S. (1993): The Oxford Hindi-English dictionary. Oxford; New York: Oxford University Press, 1993. http://dsal.uchicago.edu/dictionaries/mcgregor/

Moosmüller, Sylvia (2007): Vowels in standard Austrian German. An Acoustic-Phonetic and Phonological Analysis. – (Kann über diesem Titel bei Google aufgerufen werden.)

Murmured voice (Wikipedia Englisch).

Punjabi (Wikibooks) https://en.wikibooks.org/wiki/Punjabi

Snell, Rupert: Transliterating Devanagari. http://hindiurduflagship.org/resources/learning-teaching/transliterating-devanagari/

Snell, Rupert: Devanagari. http://hindiurduflagship.org/resources/learning-teaching/devanagari/

Tremel, Ernst: Attested Hindi Ligatures. http://www.skytower.org/~ernstjtremel/

Danksagung

Mein Dank gilt denen, die mich in Hindi unterrichtet haben, insbesondere

Dr. phil. Satyanarayan Sharma, Lektor an der Universität Münster

Razia Desouza MA. M. Phil., Lecturer am Bhavan's College, Andheri (West Mumbai)

Prakash Sachdeva, Rishikesh

sowie dem Team der Language School Landour/Mussoorie.

Für die Durchsicht der Hindi-Passagen in dem Buch danke ich
Urja Sarpal, Chadigarh und
Chetna Gautam MA, Frankfurt.

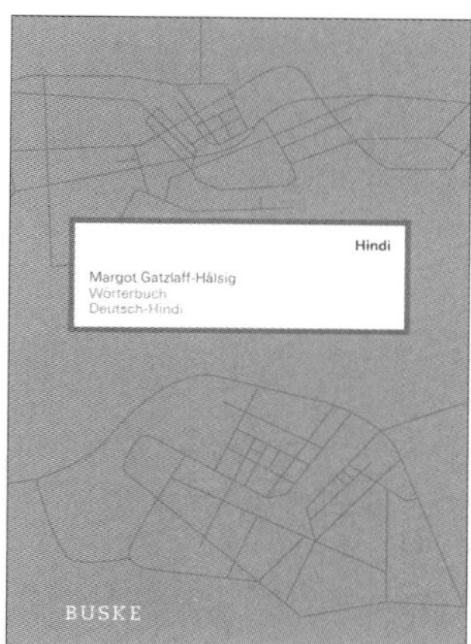

Margot Gatzlaff-Hälsig

Wörterbuch Deutsch–Hindi

7., überarbeitete und erweiterte Auflage 2013
XXXV, 793 Seiten
ISBN 978-3-87548-638-4
Gebunden

Mit weit über 30.000 deutschen Stichwörtern und zahlreichen Wendungen bietet dieses Wörterbuch den Wortschatz der Alltagssprache sowie Termini aus dem gesellschaftlich-politischen Leben, den Geistes- und Naturwissenschaften, der Technik, der Wirtschaft und dem Sport.

Die gegenüber den vorangegangenen Auflagen beträchtliche inhaltliche Erweiterung vergrößert die Verwendungsmöglichkeiten sowohl für die deutschen als auch für die indischen Benutzer. Zudem folgt die Orthografie der deutschen Wörter jetzt der im August 2006 in Kraft getretenen Neuregelung.

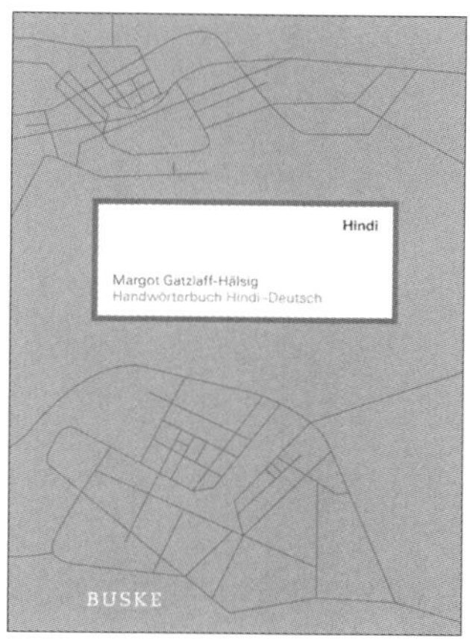

Margot Gatzlaff-Hälsig

Handwörterbuch Hindi–Deutsch

2., durchgesehene Auflage 2013
XXVIII, 1.448 Seiten
ISBN 978-3-87548-667-4
Gebunden

Mit rund 50.000 Stichwörtern, zahlreichen Beispielen, Redewendungen und Sprichwörtern bietet dieses Handwörterbuch den Wortschatz des Standard- oder Hochhindi und darüber hinaus geläufige Ausdrücke der Umgangssprache sowie lokale Varianten und Fachtermini verschiedener Gebiete.

Das Wörterbuch berücksichtigt die Anforderungen von deutsch- wie hindisprachigen Benutzern. Alle Hindi-Stichwörter und ihre deutschen Entsprechungen bis hin zu den Redewendungen sind mit grammatischen Angaben versehen. Besondere Beachtung finden abweichende Satzkonstruktionen und die Rektion der Verben.

BUSKE

Daniel Krasa

Lehrbuch des Marathi

2007
XXIX, 290 Seiten + 1 Audio-CD
ISBN 978-3-87548-434-2
Kartoniert

Marathi ist eine von 23 offiziell anerkannten Amtssprachen Indiens und zählt zu den 20 meistgesprochenen Sprachen der Welt.

Konzipiert für Lernende ohne Vorkenntnisse, führt dieses Lehrbuch systematisch und praxisorientiert in das moderne Marathi ein und vermittelt kommunikative Kompetenz für Alltag, Beruf und Reise sowie fundierte Grammatikkenntnisse und einen Grundwortschatz von rund 2.000 Wörtern.

Nach einer Einführung in die Aussprache und Devanāgarī-Schrift folgen 20 Lektionen, die jeweils aus zwei Dialogen samt Vokabelliste und deutscher Übersetzung, einem Grammatikteil sowie abwechslungsreichen Übungen bestehen. Neben landeskundlichen Themen behandeln die Dialoge authentische Alltagssituationen und vermitteln die grundlegenden Phänomene der Grammatik. Zur Erleichterung des anfänglichen Lernprozesses wird im ersten Teil des Buches zusätzlich zur Devanāgarī-Schrift eine phonetische Umschrift gegeben. Abgerundet wird die Einführung in das Marathi durch aufschlussreiche Texte zur Landeskunde und Kultur.

Ein Anhang mit Grammatikübersicht, Wörterverzeichnis und Lösungsschlüssel sowie eine Audio-CD, auf der alle Dialoge zu hören sind, sind in das Lehrbuch integriert. Das Buch eignet sich daher sowohl für den Einsatz im Unterricht als auch für das selbstständige Arbeiten zu Hause.

BUSKE

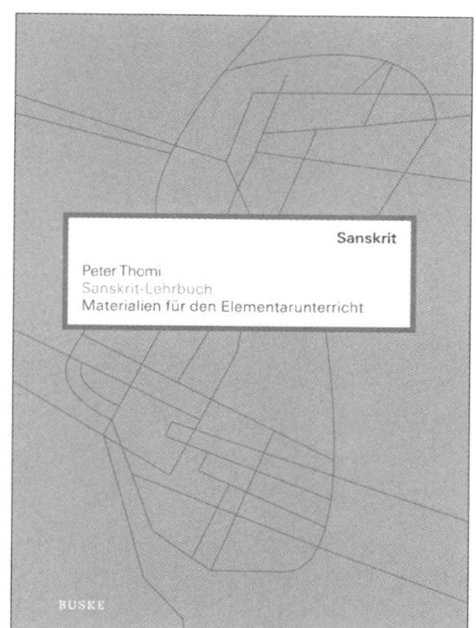

Peter Thomi

Sanskrit-Lehrbuch

Materialien für den Elementarunterricht

3., durchgesehene Auflage 2016
216 Seiten
ISBN 978-3-87548-777-0
Kartoniert

Mit diesem Lehrbuch, das in der Tradition des altbewährten „Stenzler" steht, können sich insbesondere Studierende der Indologie auf die Lektüre epischer und klassischer Sanskrit-Texte vorbereiten.

Zielgruppe: Studierende und Lehrende der Indologie.

Lernziele: Kompetenz zur Lektüre/Rezeption epischer und klassischer Sanskrit-Texte.

Konzeption: Der Lernstoff ist in 21 Lektionen mit je eigenem Vokabular unterteilt. Die dem „Stenzler" entnommenen Übungsbeispiele bzw. Sentenzen stammen alle aus der Literatur, ergänzt durch einige weitere, vor allem aus Otto Böhtlingks „Indische Sprüche".

Neu hinzugekommen gegenüber dem „Stenzler" ist das Kapitel „Textbild" mit Erläuterungen zur schriftlichen Fixierung des Sanskrit; eine kurze Darstellung der Metrik, die auch einen traditionellen Schlüssel zu den wichtigsten Kunstversen enthält; ein Vokabular, das beim Erwerb eines Grundwortschatzes behilflich sein soll; und darüber hinaus - soweit verfügbar - Otto Böhtlingks Übersetzungen der Sentenzen als vorbildlich ausformulierte (historische) Übersetzungsvorschläge.

Der verwendete Devanāgarī-Schriftsatz entspricht in Ausgestaltung und Typenvielfalt den traditionellen Bombayer Drucktypen.

BUSKE